essentials

Benedikt Römmelt • Markus Breuer

Sponsoring im Profisport für werbungtreibende Unternehmen

Managementprozess, Aktivierung, Praxiswissen

 Springer Gabler

Benedikt Römmelt
Fakultät Wirtschaft-Logistik-Verkehr
FH Erfurt
Erfurt, Deutschland

Markus Breuer
Fakultät für Wirtschaft
SRH Hochschule Heidelberg
Heidelberg, Deutschland

ISSN 2197-6708   ISSN 2197-6716 (electronic)
essentials
ISBN 978-3-658-51400-6   ISBN 978-3-658-51401-3 (eBook)
https://doi.org/10.1007/978-3-658-51401-3

Die Deutsche Nationalbibliothek verzeichnet diese Publikation in der Deutschen Nationalbibliografie; detaillierte bibliografische Daten sind im Internet über https://portal.dnb.de abrufbar.

Planung/Lektorat: Imke Sander
Springer Gabler ist ein Imprint der eingetragenen Gesellschaft Springer Fachmedien Wiesbaden GmbH und ist ein Teil von Springer Nature.
Die Anschrift der Gesellschaft ist: Abraham-Lincoln-Str. 46, 65189 Wiesbaden, Germany

Was Sie in diesem *essential* finden können

- Einführung in das Sportsponsoring im Profisport mit Klärung zentraler Begriffe, einer ökonomischen Einordnung und der Rolle des Sponsorings als Marketing- und Finanzierungsinstrument
- Beschreibung der Wirkungslogik des Sportsponsorings anhand des „magischen Dreiecks" aus Sport, Wirtschaft und Medien als Denkmodell für Analyse und Praxis
- Einen systematischen Sponsoringmanagement-Prozess als praxisnaher Leitfaden für fundierte Entscheidungen
- Zielorientiertes Sponsoring jenseits von Reichweite und Logo-Präsenz: Kommunikations-, Vertriebs-, HR-, strategische und politische Ziele inklusive KPI-Ableitung
- Praxiswissen zur Aktivierung von Sponsorships – von integrierter Kommunikation über Storytelling bis zur Entwicklung sponsoringbezogener Produkte und Leistungen
- Einordnung in Sportsponsoringspezifika wie Ambush Marketing, Agenturrollen, Vertrags- und Compliance-Fragen sowie eine kritische Betrachtung des Werbeäquivalenzwertes (AVE)

Vorwort

Sportsponsoring bietet Unternehmen die Möglichkeit, ihre Marke einem breiten Publikum zu präsentieren und eine emotionale Verbindung zu potenziellen Kunden herzustellen. Durch die Partnerschaft mit Sportveranstaltungen oder Sportteams können Unternehmen ihre Sichtbarkeit erhöhen, ihre Markenbekanntheit steigern und ihre Zielgruppe gezielt ansprechen. Zudem ermöglicht Sportsponsoring eine positive Assoziation mit den Werten des Sports wie Teamgeist, Leistung und Fairness. Dies kann das Image und die Glaubwürdigkeit einer Marke stärken und zu einer loyalen Kundenbasis führen. Dieses Buch versucht den Spagat zwischen der Kürze eines Essentials und einem trotzdem tiefgründigen, akademischen und praxisrelevanten Streifzug zum „Sportsponsoring" zu schaffen. Hierbei folgt das Essential den Phasen des idealtypischen Prozesses des Sponsoringmanagements, um Sponsoringverantwortlichen eine Handlungsanleitung zu bieten. Dabei werden theoretische Ansätze mit Insights von ausgewiesenen Praktikern angereichert. Wir bedanken uns bei folgenden Experten für den spannenden Austausch und die tiefgründigen Einblicke:

Karsten Bentlage hat die Professionalisierung des Sportsponsorings seit den 1990ern begleitet und geprägt. Die Perspektive der Sponsoren vertrat er in unterschiedlichen Führungsrollen auf Agenturseite (Schmidt & Kaiser, McCann Erickson, akzio!). Heute wirkt er als Senior Vice President beim Sportvermarkter SPORTFIVE auch als Vertreter der Rechteinhaber.

Eike Doerte Bürgel ist diplomierte Sportökonomin und Kommunikations- und Markenexpertin. Nach einigen Jahren in der strategischen Markenberatung bei Batten & Company (BBDO Consulting) wechselte sie 2010 auf die Unternehmensseite ins Brand Management der Allianz. Seit 2018 verantwortet sie als Global

Head of Olympic & Paralympic Program die Partnerschaft mit der Olympischen und Paralympischen Bewegung weltweit.

Jens Falkenau begleitet das Thema „Sportsponsoring" als Marktforscher seit es sich in den 1990er Jahren stetig professionalisierte. Nach langjährigen Tätigkeiten bei Sport & Markt und Repucom zeichnet er aktuell als Head of Research Solutions Development bei Nielsen Sports verantwortlich.

Tobias Francomano beschäftigt sich seit einem Vierteljahrhundert mit Sportsponsoring. Er verbindet die Perspektiven von Sponsoring- und Eventberatungsagenturen durch seine Zeit bei WWP und ISA Sports Agency AG mit der Sicht der Sportvermarkter durch seine Tätigkeit bei SPORTFIVE. Seit einigen Jahren ist er auf Sponsorenseite tätig und verantwortet den Bereich Sponsoring und Events im Corporate Marketing der LGT Bank.

Ein herzliches Dankeschön geht an Sonja Harms für das Lektorat und an Imke Sander für die unkomplizierte Abwicklung und die große Geduld.

Gewidmet sei das Büchlein Kian, Marius und Nora (aufsteigend nach aktueller Größe).

PS: Ausschließlich zur besseren Lesbarkeit wird in diesem Buch das generische Maskulinum verwendet. Die verwendeten Personenbezeichnungen beziehen sich – sofern nicht anders kenntlich gemacht – auf alle Geschlechter.

Erfurt und Heidelberg   Benedikt Römmelt
im Januar 2026   Markus Breuer

Inhaltsverzeichnis

Über die Autoren

Prof. Dr. Benedikt Römmelt
promovierte im Anschluss an sein Studium der Sportökonomie an den Universitäten Bayreuth und Mont-
pellier (Frankreich) am Lehrstuhl für Sport- und
Gesundheitsökonomie der Friedrich-Schiller-Uni-
versität Jena. Nach Tätigkeiten in Beratungs- und
Marktforschungsunternehmen lehrte und forschte er
als Professor für Sportmanagement und Sportmarketing an der SRH Hochschule Heidelberg. Aktuell ist er Professor für Marktforschung und Statis-
tik an der Fachhochschule Erfurt und verantwortet
Lehraufträge im Bereich Sportmarketing an den Universitäten in Jena und Oldenburg sowie der Hochschule Wismar.

Prof. Dr. Markus Breuer
studierte BWL, VWL und Internationales Steuer-
recht in Braunschweig, Chemnitz und Hamburg.
Nach seiner Promotion am Institut für Sportwissen-
schaft der Universität Jena arbeitete er mehrere Jahre
im Bereich Global Transfer Pricing Services der
KPMG. Seit 2014 ist er Professor an der Business
and Law School der SRH University of Applied
Sciences Heidelberg, wo er u. a. mehrere Jahre ein
Masterprogramm in Sportmanagement leitete. Seit
2017 ist er Geschäftsführer des Arbeitskreises Sportökonomie e. V.

Grundlagen des Sportsponsorings für Sponsoren und zur Finanzierung im Profisport

1.1 Grundlogik und ökonomische Relevanz des Sponsorings im Zuschauersport

Ein halbes Jahrhundert nach dem ersten Trikotsponsoring in der Bundesliga von Jägermeister bei Eintracht Braunschweig ist Sportsponsoring als Marketinginstrument (aus Perspektive des Sponsors) und als Instrument zur Finanzierung des Sports (aus Perspektive des Gesponserten) aus Sportorganisationen und Unternehmen nicht mehr wegzudenken. Dabei professionalisierte sich das Sportsponsoring aus beiden Perspektiven kontinuierlich (Daumann und Römmelt 2015, S. 170; Walzel und Schubert 2018, S. 3). Zu Beginn waren es vor allem große Unternehmen, die als Sponsor auftraten. Mittlerweile ist Sponsoring ein Thema für Unternehmen aller Größen.

Branchenvertreter berichten gerne, dass Sportsponsoring als sympathischer, zeitgemäßer und glaubwürdiger im Vergleich zu anderen Werbemaßnahmen wahrgenommen wird. Über 70 % der Deutschen erkennen an, dass Sport nicht ohne Sponsoren auskommt (VSA 2019). Die Mehrheit der Sportinteressierten (57 %) akzeptieren Sponsoren als integralen Bestandteil und Förderer des Sports (VSA 2022). Die Annahme, dass das Sponsoring aufgrund dieser Zahlen bei den Fans gut ankommt, ist jedoch ein Trugschluss, den die Branchenverbände in ihren Publikationen gerne verbreiten. Das oben zitierte „bessere Abschneiden" ist nur eine relative Aussage: Sponsoring hat in der VSA-Studie (VSA 2019, S. 4) mit knapp 50 von 100 Punkten auf der Sympathieskala zwar bessere Werte als „Werbung allgemein" mit 45 Punkten. Insgesamt ist es trotzdem nur mittelmäßig sympathisch.

© Der/die Autor(en), exklusiv lizenziert an Springer Fachmedien Wiesbaden GmbH, ein Teil von Springer Nature 2026
B. Römmelt, M. Breuer, *Sponsoring im Profisport für werbungtreibende Unternehmen*, essentials, https://doi.org/10.1007/978-3-658-51401-3_1

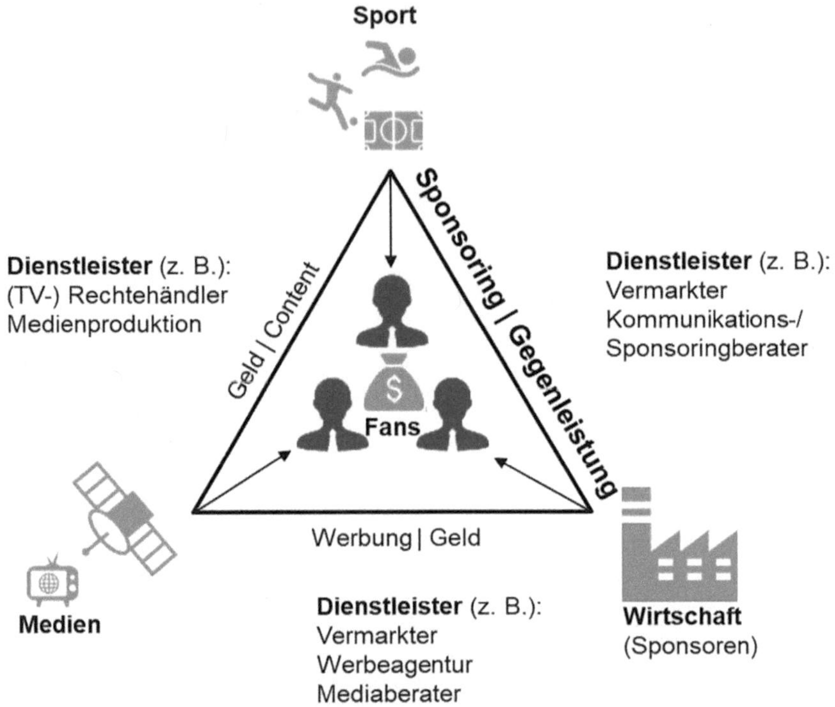

Abb. 1.1 Magisches Dreieck im Zuschauersport (Eigene Darstellung)

Deshalb ist Sportsponsoring kein Selbstläufer und sollte systematisch angegangen werden.

Wir wollen in diesem Werk einen neutralen, fundierten und praxisrelevanten Überblick über die Möglichkeiten und Grenzen des Sportsponsorings aus Perspektive der Sponsoren geben.

Grundlogik des Sponsorings und „magisches Dreieck"

Die Grundidee des Sportsponsorings im Profisport ist geprägt durch die Beziehungen im „magischen Dreieck des Zuschauersports" (Abb. 1.1). Im Mittelpunkt stehen die Fans, die gleichzeitig die Zielgruppen der drei „Ecken" Sport (Sponsoringnehmer), Wirtschaft (Sponsoren) und Medien sind. Die Sportorganisationen im Profisport sind auf zahlende Zuschauer angewiesen, die Medien auf Medienkonsumenten und die Wirtschaft auf Abnehmer ihrer Produkte und Dienstleistungen. Der Sport liefert den Medien Inhalte, Themen und Nachrichten

(Content) für deren Veröffentlichungen. Die Medien schaffen Reichweite für den Sport und bezahlen (teilweise) für Übertragungsrechte. Die Wirtschaft sucht Zugang zu ihren Zielgruppen. Dies kann direkt durch den klassischen Kauf von Werbung in den Medien geschehen oder eben indirekt durch Präsenz im Sport als Sponsor.

Im Rahmen des Sportsponsorings erhält der Sport finanzielle Unterstützung von der Wirtschaft. Durch das mediale Interesse am Sport erreicht ein Sponsorship im Profisport häufig sehr hohe Reichweiten und ist (auf den ersten Blick) preisgünstiger als klassische Werbeformate (Daumann und Römmelt 2015, S. 171). Die Beziehungen zwischen den drei Hauptakteuren im magischen Dreieck werden durch Dienstleister unterstützt. Im Kontext der hier fokussierten Beziehung zwischen Sponsor (Wirtschaft) und Gesponsertem (Sport) sind hier zum einen Vermarktungsagenturen zu nennen. Diese unterstützen die originären Rechteinhaber (Sportorganisationen wie Clubs, Verbände, Veranstalter sowie Einzelsportler) beim Verkauf und der kontinuierlichen Umsetzung von Sponsorships mit den Sponsoren. Zum anderen stellen Kommunikations- und Sponsoringberater den Sponsoren spezifisches Fachwissen zur Verfügung und unterstützen als Agenten bei der Umsetzung der Sponsoringmaßnahmen.

Mittlerweile hat sich das magische Dreieck weiterentwickelt. Es sind nicht mehr nur Wirtschaftsunternehmen, die als Sponsoren im Profisport agieren und diesen als Plattform nutzen. Auch andere Organisationen wie Non-Profit--Organisationen (NPOs) – etwa Stiftungen, Hochschulen oder Wohlfahrtsorganisationen –, staatliche Institutionen (z. B. die Bundespolizei, Bundeswehr, kommunale Eigenbetriebe) sowie ganze Nationen beteiligen sich als Sponsoren. Dies geschieht unter anderem im Kontext des sogenannten „Sportwashings". Im Sportsponsoring stehen nicht mehr nur ausschließlich kommunikative Ziele im Fokus. Neben klassischen Marketingzielen wie dem Zugang zu Absatzmärkten oder dem Beziehungsmanagement mit Kunden verfolgen Sponsoren auch strategische Ziele (z. B. Akzeptanz oder politische Einflussnahme) sowie personalbezogene Ziele (z. B. Mitarbeitendenbindung oder die Steigerung der Attraktivität als Arbeitgeber).

Ökonomische Relevanz des Sportsponsorings

Gesamtwirtschaftlich war, mit Ausnahme einer Stagnation während der Corona--Pandemie, in den letzten Jahren ein Wachstum der Sportsponsoringausgaben zu beobachten. Weltweit schätzt 360iReserach (2025) das Wachstum (CAGR) auf 7,8 % und berichtet ein Marktvolumen für Sportsponsoring im Jahr 2024 von 106 Mrd. USD (98 Mrd. Euro entsprechend DAC-Umrechnungskurs 2024). In

Europa wuchs der Markt 2024 um 6,5 % auf über 23 Mrd. Euro, wobei auf Deutschland dabei über 6 Mrd. Euro entfielen (ESA 2025).

Für Profisportorganisationen hat Sponsoring eine existentielle Relevanz als Finanzierungsinstrument: Durchschnittlich 16 % der Gesamteinnahmen von Proficlubs im Fußball auf europäischer Ebene entstammen dem Sponsoring. Bei Clubs der Fußballbundesliga ist der Anteil mit 36 % deutlich höher (UEFA 2023, 82 f.). Breitensportvereine dagegen erlösen mittels (echtem) Sponsoring (ohne Spenden) lediglich einen Einnahmeanteil von durchschnittlich 4–6 % (Repenning et al. 2025, S. 15).

Gemäß des Sportsatellitenkontos des BISp haben 31 % der deutschen Unternehmen Sportsponsoring betrieben (Repenning et al. 2025, S. 8). Betrachtet man die Relevanz auf Unternehmensebene lässt sich dem Sponsoring ein nennenswerter Anteil am Kommunikationsbudget bescheinigen. Kleine und mittlere Unternehmen geben ca. 9 % und große Unternehmen 15 % ihres Kommunikationsbudgets für Sponsoring aus (VSA 2018). Eine andere Studie sieht sogar einen Anteil des Sponsorings am Marketingbudget von 21 % (Nielsen 2022).

1.2   Sponsoringbegriff und Spezifika dieses Essentials

Die Literatur zum (Sport-)Sponsoring ist vielfältig und umfangreich (u. a. Bagusat und Hermanns 2012; Walzel und Schubert 2018; Drees 2003; Bruhn 2018; Bruhn und Rohlmann 2024; Nufer und Bühler 2013). In den Definitionen des Begriffs „Sponsoring" wird bis dato vor allem der kommunikative Zielaspekt aus Sicht des Sponsors betont.

In den letzten Jahren ist jedoch zu beobachten, dass Sponsoring nicht mehr ausschließlich als Kommunikationsinstrument eingesetzt wird. Zunehmend werden weitergehende Marketingziele sowie Ziele in anderen Funktionsbereichen wie im Personalwesen oder mit organisationsstrategischer Bedeutung verfolgt (Daumann und Römmelt 2015, S. 172). Dies umfasst z. B. Vertrieb, Marktzugang, Kundengewinnung und -pflege, oder auch Mitarbeiterbindung, Employer Branding und Stakeholderbeziehungen. Dieser multiperspektivische Ansatz setzt sich in der Praxis immer mehr durch und zeigt die multiplen Potenziale des Sportsponsorings.

> „Sponsoring ist nicht mehr nur ein „Kommunikationsinstrument"! Es können vielfältige Ziele erreicht werden, die über Awareness und Image hinausgehen: Neben marketingspezifischen Zielen wie Absatz steigern, kann Sportsponsoring Netzwerke schaffen oder mitarbeiterloyalitätsbezogene und Recruiting-Ziele unterstützen."
> Karsten Bentlage, SPORTFIVE

Die Definitionen in der Literatur lassen sich in enumerativ-explikative, phasen- und ereignisorientierte sowie vertragsorientierte Sponsoringdefinitionen unterteilen (Walzel und Schubert 2018, S. 45 f.). Da sich dieses Werk auf den Sportsponsoring-prozess aus Perspektive des Sponsors fokussiert, sei im Folgenden die phasen-orientierte Definition des Sportsponsorings von Bruhn und Rohlmann (2024, S. 4) als Grundlage verwendet. Diese wird ergänzt um erweiterte Zielstellungen des Sportsponsorings:

Sportsponsoring ist aus Perspektive des Sponsors die

- Analyse, Planung, Implementierung und Kontrolle sämtlicher Aktivitäten (Sportsponsoringprozess),
- die mit der Bereitstellung von Geld, Sachmitteln, Dienstleistungen oder Know-how durch Unternehmen und Institutionen (Sponsor)
- zur Förderung von Personen und/oder Organisationen im Sport (Gesponserter)
- unter vertraglicher Regelung der Leistung des Sponsors und Gegenleistung des Gesponserten verbunden sind (Reziprozität),
- um damit extern und/oder intern orientierte Ziele zu erreichen, die sowohl aus dem Marketingkontext (Kommunikation, Vertrieb) als auch dem gesamt-organisatorischen Kontext (Personal, Strategie, Politik) entstammen können.

Dieses Essential beschäftigt sich ausschließlich mit dieser Definition folgendem, „echtem" Sportsponsoring. Unberücksichtigt bleiben dabei Mäzenatentum, also die altruistische Förderung ohne jegliche Gegenleistung, sowie das oftmals steuer-begünstigte Spendenwesen.

Emotionalität als Besonderheit des Instruments „Sportsponsoring"

„Emotionalität ist das wichtigste Spezifikum im Sportsponsoring. Daran hat sich seit Jahren nichts geändert."
Tobias Francomano, LGT Private Banking

Sport ist ein hochemotionales Thema. Sport bewegt Menschen nicht nur physisch, sondern auch psychisch. Nicht nur beim aktiven Sporttreiben, sondern auch beim passiven Sportkonsum sind Emotionen omnipräsent (Überblick zur Emotions-forschung im Sport vgl. Furley et al. 2023). Fans diskutieren hitzig, brechen in Trä-nen aus und liegen sich in den Armen. Sport erzeugt kontinuierlich intensive Emo-tionen und Bindungen. Sportsponsoring findet in diesem emotionalen Umfeld statt und knüpft an diese affektive Aufladung an. Dadurch wirkt Sponsoring anders als andere Instrumente. Über Involvement, Identifikation und Sponsor-Event-Fit sollen Einstellungen und Kaufabsichten positiv beeinflusst werden. Dieser emotionale Einfluss betrifft keineswegs nur die Fans, Kunden oder Mitarbeitenden, sondern auch die Personen, die über ein Sponsoringengagement im Sport entscheiden.

> „Auch wenn Entscheider sehr von KPIs und Rationalität getrieben sind, darf man die Emotionalität im Sport beim Sponsoringmanagement nicht unterschätzen. Wenn Entscheider diese Emotionen (z. B. in der Loge) selbst erleben, dann nehmen sie die Wirkungspotentiale des Sportsponsorings bei anderen Zielgruppen wahr."
> Karsten Bentlage, SPORTFIVE

In der Praxis schränken häufig persönliche Präferenzen der Entscheider von Vornherein die Optionen ein und beeinflussen die Auswahl von alternativen Sponsoringobjekten. Auch ist immer wieder zu beobachten, dass die gewählten Maßnahmen nicht zu sinnvollen Sponsoringzielen von Unternehmen passen. Beispielsweise belegen B2B-Unternehmen (TV-relevante) Bandenwerbung und akzeptieren hohe Streuverluste in den Zielgruppen „(potenzielle) Kunden" oder „(potenzielle) Mitarbeiter", während es zielgruppenspezifischere Maßnahmen im und außerhalb des Sportsponsorings gäbe.

Das Sponsoring hat sich in den letzten Jahrzehnten professionalisiert. Selbst wenn sich der Anlass zum Sportsponsoring aus einer Opportunität ergibt, kann der Sponsoringmanagementprozess systematisch weiterverfolgt werden. Teilweise sind die Sponsoren dabei auf externe Unterstützung angewiesen.

> „Nach wie vor entstehen Sponsorships häufig auf Basis von Opportunitäten. Jemand, z. B. aus der Geschäftsleitung, hat Wünsche oder es bietet sich eine Gelegenheit. Mit entsprechenden Analysen lässt sich ein Plan als Grundlage erstellen. Viele Unternehmen vertrauen auf den Datenfundus und die Expertise der beteiligten Agenturen. Basierend auf der Marken- bzw. Kommunikationsstrategie lagern sie Analysen und Planung aus und verlassen sich gern darauf, dass die Agentur einen adäquaten auf Daten und Erfahrungen basierenden Vorschlag entwickelt."
> Jens Falkenau, Nielsen Sports

Die Ausführungen im Folgenden sollen rationale und systematische Sponsoringentscheidungen fördern, die unter Berücksichtigung der Emotionalität im Sportkontext und den Spezifika des Instruments dem Erreichen von adäquaten und realistischen Sponsoringzielen dienen.

Sponsoringmanagementprozess: Handlungsleitfaden für die Praxis

2

Wie in der Definition bereits beschrieben durchläuft man im Sportsponsoringmanagement einen vierphasigen Prozess, wie er auch in anderen Managementaufgaben üblich ist (Daumann und Römmelt 2015, S. 40). Zunächst erfolgt eine interne und externe Situationsanalyse. Auf dieser Basis kann die Sponsoringplanung anschließen. Die Implementierung umfasst die Umsetzung der Planung. Die vierte Phase stellt die Kontrolle dar. Der Sponsoringprozess läuft kontinuierlich und revolvierend, also sich immer wiederholend, ab. Es handelt sich jedoch nicht um einen streng konsekutiven Ablauf der Phasen, sondern die einzelnen Phasen finden in der Praxis oft zeitgleich statt und es bestehen Interdependenzen und Rückkopplungen. Die Ergebnisse der Kontrollphase fließen nicht nur in die Analyse und Planung der nächsten Periode ein, sondern können auch direkt auf die laufenden Implementierungsmaßnahmen wirken. Im Verlauf dieses Kapitels werden die in Abb. 2.1 dargestellten Phasen tiefergehend erläutert.

2.1 Externe und interne sponsoringbezogene Situationsanalyse der Rahmenbedingungen

Da Sportsponsoring nicht für sich allein steht, müssen die Rahmenbedingungen analysiert werden. Karsten Bentlage betont die Einbettung des Sponsorings in organisationsinterne und -externe Rahmenbedingungen:

B. Römmelt, M. Breuer, *Sponsoring im Profisport für werbungtreibende Unternehmen*, essentials, https://doi.org/10.1007/978-3-658-51401-3_2

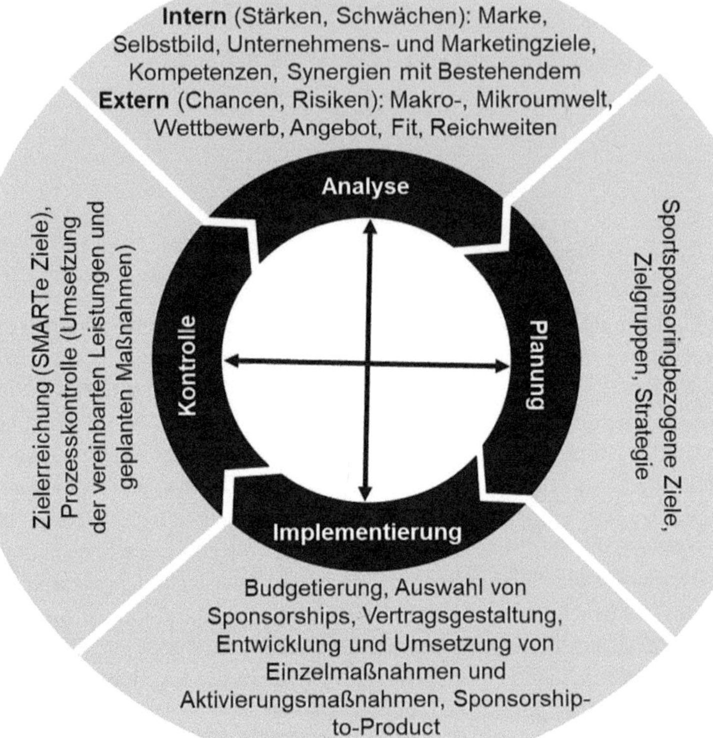

Abb. 2.1 Sponsoringmanagementprozess (Eigene Darstellung)

„Der idealtypische Sponsoringprozess geht grundsätzlich von den übergeordneten Marketingzielen aus. Diese werden auf Sponsoringziele heruntergebrochen, wobei hier auch eine Prüfung erfolgen sollte, ob Sponsoring für diese Ziele das richtige Instrument ist. Dann analysiert man die Relevanz von Märkten, Zielgruppen und Affinitäten und gleicht das mit den verfügbaren, freien Assets ab."
Karsten Bentlage, SPORTFIVE

Im Sinne einer strategischen Analyse der Rahmenbedingungen ist es deshalb sinnvoll, der Logik der SWOT-Struktur zu folgen (Daumann und Römmelt 2015, S. 49 ff.; Walzel und Schubert 2018, S. 52). Dabei werden interne (Strength, Weaknesses) sowie externe (Opportunity, Threats) Aspekte betrachtet.

Interne Rahmenbedingungen sowie Stärken und Schwächen
Zunächst erfolgt eine Bestandsaufnahme der internen Rahmenbedingungen und der Identifikation der Stärken und Schwächen der sponsernden Organisation. Um das Sportsponsoring später adäquat planen zu können, sollten u. a. folgende Aspekte analysiert werden:

- Allgemeine Organisationsspezifika, wie z. B.
  - Übergeordnete Ziele auf Unternehmens- sowie Funktionsebene, also z. B. Marketing- und HR-Ziele
  - Definierte Zielgruppen
  - Organisationskultur, Selbstbild und Marke
  - Organisationsstruktur, Geschäftsfelder
  - Bestehende Aktivitäten in Marketing, HR, Stakeholdermanagement etc. (Kampagnen, Maßnahmen)
  - Prozesse und Abläufe in der Organisation bei komplexen bereichsübergreifenden Projekten
  - …
- Sportsponsoringbezogene Rahmenbedingungen, wie z. B.
  - Erfahrungen aus bestehenden und vergangenen Engagements
  - Kompetenzen im Sportsponsoring und Know-how der Mitarbeitenden
  - Kontakte und Netzwerke zu Akteuren im Sport
  - Zur Verfügung stehende Ressourcen und Budget (Finanzen, Mitarbeitende, Zeit, Zugänge)
  - …

Die Analyseergebnisse setzen den internen Rahmen für die Sportsponsoringplanung und ermöglichen die Identifikation von Stärken und Schwächen.

Externe Analyse: Rahmenbedingungen, Chancen und Risiken
Die externen Chancen und Risiken ergeben sich aus der Makro- und Mikroumwelt. Die Makroumwelt meint die globale Umwelt. Diese kann mittels des PESTEL-Rasters analysiert werden (Daumann und Römmelt 2015, S. 59 ff.):

- **Political:** Politische Entwicklung (Sport- und Verbandspolitik, Regierungswechsel, Parteienlandschaft, internationale Konflikte, zwischenstaatliche Abkommen wie GATT, CETA, NATO etc.)
- **Economical:** Gesamtwirtschaftliche Entwicklung (BIP, Zahlungsbilanz, Inflation, Arbeitsmarkt, Lebenshaltungskosten etc.)

- **S**ocial: Gesellschaftliche Entwicklungen (Trends, Wertewandel, Konsumverhalten, Mobilität, Generationenunterschiede, Wanderungsbewegungen, Fanverhalten etc.)
- **T**echnological: Technische Entwicklungen (Innovationen und Patentanmeldungen, KI, digitale Vernetzung, Sensoren und Tracker, virtuelle Werbung etc.)
- **E**cological: Ökologische Entwicklungen (Klimawandel, Extremwetterphänomene, invasive Arten etc.)
- **L**egal: Rechtliches Umfeld (Verbandsautonomie im Sport, sportartspezifische Regeln, Schutz vor Ambush-Marketing, Markenschutz, Reglementierung von Werbung u. a. für Tabak, Glücksspiel, Alkohol, Arzneimittel, Lebensmittel), DSGVO, Gesetzesinitiativen, Durchsetzung von Gesetzen etc.)

Wie folgendes Beispiel zeigt, können Veränderungen im Sportinteresse und Fanverhalten direkte Auswirkungen auf die Ausgestaltung eines Sponsorings haben:

„Während die GenY noch stark den Vereinen verbunden ist, folgt die GenZ stärker Persönlichkeiten. Gerade auf Social Media hat sich das Verhältnis Spieler vs. Club im Fußball verändert: Star-Spieler nehmen Fans bei einem Clubwechsel mit. Wir setzen deshalb auch auf Konzepte, die auf Spielern und Prominenten basieren."
Karsten Bentlage, SPORTFIVE

Die Mikroumwelt umfasst die nähere Umwelt einer Organisation mit direktem Einfluss auf diese. Besonders relevant sind hierbei folgende Felder

- Kunden (Endkonsumenten, Händler, Unternehmen)
- Lieferanten
- Wettbewerber
- Arbeitsmarkt für potenzielle Mitarbeitende
- Sportökosystem (u. a. Strukturen, Regeln, Nachfrage)

Aus der Analyse der externen Rahmenbedingungen lassen sich Chancen und Risiken ermitteln.

Sinnvoll ist ein Benchmarking mit erfolgreichen Sportsponsoren auch aus anderen Branchen, um von deren Erfolgen zu lernen. Die Marke Red Bull beispielsweise wurde groß, indem sie immer wieder auf Sportaktivitäten setzte, die noch kein anderer für sich vereinnahmt hatte, oder neue schuf (z. B. Kite-Surfen, Stratos, Basejumping, Air Race). Der Vergleich mit direkten Wettbewerbern ermöglicht es, Sponsoringstrategien zu entwickeln, die sich von diesen unterscheiden.

Die Analyse des Sportökosystems zeigt, wie sich einzelne Sportarten und Events hinsichtlich deren Struktur, Regelsystemen, Nachfrage, Medienpräsenz, Reichweiten, Sponsorenaktivitäten, möglicher Exklusivität, Sponsorendichte, Werbemöglichkeiten im jeweiligen Umfeld und sportartspezifischen Risiken unterscheiden. So ist z. B. die Vergabe von Team-Namensrechten nicht in allen Sportarten erlaubt und mögliche Skandale durch Doping, Fehlverhalten der Akteure, Kommerzialisierungskritiker oder Reaktanzen bei Fans anderer Vereine sollten im Vorfeld abgewogen werden. Auch die Verfügbarkeit eines Assets (Laufzeit bestehender Verträge, Branchenexklusivität bestehender Partner) ist zu beachten. Der Fit potenzieller Sponsoringobjekte mit der eigenen Marke, den Zielen und der Zielgruppe lässt sich so abschätzen.

Hierbei zeigt sich, dass Analysen und Planungen im Sponsoring ineinander übergehen und ständige Rückkopplungen nötig sind. Sind die spezifischen Sponsoringziele und -zielgruppen festgelegt (Abschn. 2.2), ist für die Auswahl des konkreten Sponsorings und der Maßnahmen wiederum eine Analyse nötig. Dann stehen u. a. diese Fragen im Fokus der Analyse:

- Wo finde ich die Zielgruppe am besten? In welcher Sportart, Leistungsebene (Breiten- bis Profisport) und organisationaler Einbettung (Person, Verein/Club/Team, Verband, Veranstaltung) besteht ein hoher Fit?
- Wofür begeistert sich unsere Sponsoringzielgruppe?
- Wie reagiert die Zielgruppe des Gesponserten auf Sponsoren? (Akzeptanz vs. Reaktanz)
- Welche Angebote (Rechte) sind aktuell verfügbar oder können neu geschaffen werden?
- Wie agieren andere Sponsoren in diesen Kontexten?
- Welche Maßnahmen bieten sich im jeweiligen Kontext zur Aktivierung an?
- Wie können wir uns von anderen Sponsoren und Wettbewerbern unterscheiden?

Analyse zu Beginn eines Sponsoringprozesses aus Perspektive der Praxis (Tobias Francomano, LGT Private Banking)

„**Intern** analysieren wir zunächst unsere Unternehmensziele und Markenwerte und priorisieren die Zielgruppen und Märkte, die wir ansprechen möchten. Uns ist es wichtig, dass das Sponsoring immer in die gesamte Kommunikationsstrategie eingebettet ist.

Extern analysieren wir die Zielgruppen, die Wettbewerbssituation, also welche Sponsoring-Aktivitäten andere Unternehmen und auch Mitbewerber bereits erfolgreich nutzen. So prüfen wir, ob ein Sponsoring für uns überhaupt sinnvoll ist oder wie es ggf. für uns adaptierbar wäre. Ein wichtiger Punkt ist für uns die Bewertung der Medienresonanz und des öffentlichen Interesses. Hier arbeiten wir oft mit Marktforschung, Medienanalysen und Benchmarking." ◄

2.2   Sportsponsoringplanung

Nach Analyse der Rahmenbedingungen, in denen das Sportsponsoring stattfindet, erfolgt die Planung. Dazu gehört die Formulierung der spezifischen Sponsoringziele und -zielgruppen und der Strategie.

Praxistipp: Erfolgsfaktor Planung (Jens Falkenau, Nielsen Sports)

„Analyse, Planung und Strategieentwicklung im Vorfeld ist die halbe Miete. Was interessanterweise wenig Aufmerksamkeit vonseiten der Sponsoringprofis generiert ist, dass Sponsoring natürlich auch in der Pflicht ist, bestimmte Zielgruppen zu erreichen. Man will nicht wie mit einer „Schrotflinte" grob auf alles schießen, es soll effizient und effektiv sein. Man will die potenzielle Kundschaft möglichst genau treffen. Im Sponsoring kann man das nicht so wunderbar über Mediapläne aussteuern wie bei klassischer Werbung. Trotzdem geht das, wenn man genau hinschaut, wo sich die Menschen bewegen. Wo ist das Sport- oder Entertainment-Asset, bei dem meine Kundschaft besonders stark unterwegs ist? Das ist Planung! Man braucht Daten, muss die Zielgruppe kennen und analysieren. Dann weiß man, wie man das Sponsoring zielgerichtet ausrichten kann." ◄

2.2.1   Festlegung der Sponsoringziele

Traditionell basieren Sponsoringziele im (Profi-)Sport auf der Nutzung der (medialen) Reichweite und der Netzwerke des Gesponsorten. Das Besondere am Sport ist das hohe öffentliche Interesse und die damit einhergehende Reichweite, sowie die Marken, das Image, die Emotionen, die Geschichte(n) und Legenden.

Die Ziele für das Sportsponsoring stehen nicht für sich allein, sondern werden idealerweise in die Zielhierarchie der Organisation eingeordnet. Dabei werden übergeordnete Ziele (Organisationszweck, -grundsätze und -identität) und Handlungsziele unterschieden (Meffert et al. 2024, S. 260 ff.). Zu den Handlungszielen gehören die Oberziele des Unternehmens, Funktionsbereichsziele (z. B. Marketing, Personal), Geschäftsfeldziele und Unterziele (Marketing-Mix). In letztere lassen sich die Sponsoringziele einordnen. Hierbei sind sich die Sponsoringexperten einig:

„Unsere Sponsoringziele werden immer in enger Abstimmung mit der übergeordneten Marketingstrategie festgelegt. Dabei überprüfen wir regelmäßig, ob unsere Maßnahmen zu den definierten Zielgruppen passen. Typische Ziele sind die Markenbekanntheit zu steigern, neue Zielgruppen zu erreichen oder das Markenimage zu stärken."

Tobias Francomano, LGT Private Banking

„Im Rahmen der Sponsoringplanung berücksichtigen wir alle Perspektiven: Neben kommunikativen Aspekten betrachten wir auch Möglichkeiten der Schaffung von Marktzugängen (z. B. neuer Markt „USA" i. R. d. FIFA WM 2026), Recruiting, Mitarbeiterloyalität etc."

Karsten Bentlage, SPORTFIVE

Dieses Herunterbrechen auf konkrete Sponsoringziele ist wichtig, da eine direkte Zurechnung der Wirkung einer einzelnen (Sponsoring-)Maßnahme auf Oberziele wie Umsatz, Marktanteil und Gewinn oft schwierig ist. Eine nationale Brauerei hat es dabei noch leicht: Sie kann den direkten Bierabsatz im Stadion messen und die Veränderung des Marktanteils und Absatzes in der Region eines neu gesponserten Clubs sehen. Bei einer „smarten" Herangehensweise können alle Sponsoren die spezifischen Sponsoringziele messen.

Zielhierarchien in der Praxis (Eike Doerte Bürgel, Allianz SE)

„Ausgehend von den globalen Zielen und der Strategie des gesamten Unternehmens erfolgt die Planung der Partnerschaften im Rahmen eines globalen Frameworks in Zusammenarbeit mit den Landesgesellschaften. Im Mittelpunkt steht die Frage, wie wir mit den olympischen und paralympischen Partnerschaften zu diesen Zielen beitragen können.

Dabei brechen wir die partnerschaftsbezogenen Ziele von den globalen Zielen auf die rund 70 nationalen Märkte sowie auf einzelnen Themen herunter. So können die spezifischen Herausforderungen der einzelnen Landesgesellschaften bottom-up berücksichtigt werden.

Mit unserem Engagement als Top-Partner der Olympischen und Paralympischen Spiele verfolgen wir drei Zielrichtungen:

- Im Kontext **„People"** geht es darum, die Attraktivität des Unternehmens für bestehende Mitarbeitende und zukünftige Talente zu steigern. Wir wollen Stolz und Zugehörigkeitsgefühl bei den Mitarbeitenden schaffen.
- Im Zielbereich **„Business"** (Business Development und Underwriting) streben wir den Aufbau von Versicherungsgeschäft im Sportökosystem an (Abschn. 2.3.4). Dabei geht es auch um Ziele mit Bezug zu Wachstum, Cross-Selling, Up-Selling und Churn (Kündigungsquoten).

- Im Bereich **„Brand"** stehen klassische markenbezogene Ziele aus dem Brand-Funnel, wie Markenbekanntheit, Bekanntheit der Olympia-Partnerschaft, Markensympathie, Kaufabsicht und Kundenloyalität im Fokus.

  Wir formulieren unsere Ziele „SMART", sodass wir die Zielerreichung anhand konkreter KPIs überprüfen können." ◄

Wir schlagen deshalb folgende Strukturierung möglicher Sponsoringziele vor. In der Regel werden mit Sponsoring mehrere Ziele simultan verfolgt. Diese Ziele sind den übergeordneten ökonomischen Zielen wie z. B. Gewinn, Umsatz, Marktanteil lediglich indirekt zuträglich. Jedoch lässt sich die Zielerreichung des Sponsorings direkt messen:

- **Kommunikationsziele** durch die Nutzung der medialen Reichweite zur Steigerung von Marken- und Unternehmens-Bekanntheit/Awareness, Markenpositionierung/Imagebildung (inkl. Zeigen von gesellschaftlicher Verantwortung, Engagement), Schaffung von Markenerfahrung und -erlebnissen („Touchpoints"), Content-Generierung (Nutzung von Testimonials, Gewinnspiele)
- **Vertriebsziele** durch den Zugang zu neuen Märkten, Kontakte mit (potenziellen) Kunden (v. a. B2B-Kontext, Businessnetzwerk im VIP-Bereich), Beziehungspflege mit bestehenden Kunden (Einladungen, exklusiver Content), Adressgenerierung über Gewinnspiele (B2C), direkt messbarer Absatz (z. B. Biersponsor, Sales Promotion bei Mitgliedern), Incentivierung von Vertriebspartnern
- **Produktpolitische Ziele** durch Schaffung neuer Produkte oder Dienstleistungen wie Special-Edition (Lizenzierung, Fankarte einer Bank „FC Bayern Fansparen"), Kollektionen, Demonstration der eigenen Leistungsfähigkeit (z. B. IT-Infrastruktur im Stadion), Einholen von Feedback bei Produkttests durch Fans
- **Strategisch-politische (Unternehmens-)Ziele** bezogen auf Standortpolitik, Sichtbarkeit bei Entscheidern und gesellschaftlicher Verantwortungsübernahme als Teil von CSR
- **HR-Ziele** mit externer (Employer Branding, Arbeitgeberattraktivität, Gewinnung von Mitarbeitern) und interner Orientierung (Zufriedenheit, Commitment, Identifikation, Bindung, Motivation der Mitarbeitenden)

Neben diesen durch unternehmerische Ratio erklärbaren Zielen lassen sich auch versteckte, persönliche Gründe (hidden agendas) von (Sponsoring-)Managern oder Eigentümern finden, die eine Entscheidung für ein Sponsoringengagement zumindest teilweise begründen (Schönberner et al. 2021): Identifikation oder Loyalität mit einer bestimmten Sportart, einem Club oder einer Region, Prestige in der Peergroup, individueller Nutzen und Spaß oder persönliche Beziehungen.

Zudem wurde in den letzten Jahren Sport und Sportsponsoring auch durch staatliche Organisationen und politische Unternehmen zum „Sportswashing" instrumentalisiert (Bruhn und Rohlmann 2023, S. 23; Geller 2025, S. 883). Im Folgenden konzentrieren wir uns allerdings auf Sportsponsoring aus rationaler Unternehmenssicht.

Die SMARTe Formulierung der Ziele ermöglicht hierbei eine einfache Kontrolle des Erfolgs, da sich hiermit direkt KPIs ableiten lassen (Römmelt 2024, S. 9).

- **S**pezifisch: Eindeutig definiert, nicht vage
- **M**essbar: Festlegung von Kriterien zur Messung der Zielerreichung
- **A**kzeptiert: Mitarbeitende empfinden das Ziel als angemessen, attraktiv, sinnvoll, motivierend
- **R**ealistisch: Die Ziele sind ambitioniert, jedoch erreichbar
- **T**erminiert: Klare Terminvorgabe bis zur Zielerreichung

Beispiele
- Kommunikationsziele:
- Die gestützte Bekanntheit der Marke (oder des Sponsoringengagements) im Nielsengebiet 4 soll nach 2 Jahren bei 35 % der erwachsenen Bevölkerung liegen.
- Pro Monat soll Content für 4 Social-Media-Posts mit Bezug zum Sponsoring generiert und gepostet werden, die durchschnittlich mindestens 5.000 Likes erhalten.
- Vertriebsziele:
  - Bis zum Saisonende sollen 20 Gespräche mit potenziellen Kunden in der Loge stattgefunden haben.
  - Wir schaffen es, 50 unserer Vertriebspartner in unserem Team beim Erfurter Citylauf zum Mitlaufen zu bewegen und so einen emotionalen Touchpoint zu kreieren.
  - Über Gewinnspiele im Rahmen von Sportevents sollen bis Ende des Jahres 500 Adressen potenzieller Kunden im CRM neu angelegt werden.
- Produktpolitisches Ziel:
  - Wir bauen eine Wärmepumpe und Heizungsanlage im Trainingsgelände ein und führen diese bis zum Jahresende 15 Interessenten vor.
  - Schaffung einer Fankollektion von Produkt A mit dem Logo des Gesponserten, das für 12 Monate über den Shop des Gesponserten und unseren Onlineshop vertrieben wird und einen Absatz von mindestens 1.000 Einheiten erreicht.

- Strategisch-politische (Unternehmens-)Ziele
  - Eröffnung einer Filiale am Standort des Gesponserten innerhalb von 2 Jahren nach Abschluss des Sponsorings.
  - Mit dem Bürgermeister können im VIP-Bereich innerhalb der Saison 2 persönliche Gespräche geführt werden.
- HR-Ziele
  - Auf unsere im Mitgliedernewsletter beworbene Stelle erhalten wir innerhalb von 2 Monaten 5 qualifizierte Bewerbungen, die sich auf diese Stelle beziehen.
  - 25 % unserer Mitarbeiter nehmen bis Ende des Jahres an mindestens einer Mitarbeitermaßnahme (Lauftreff, Besuch des Mitarbeiterzelts beim Event, Teilnahme am Citylauf) im Rahmen unseres Engagements beim SRH Dämmer Marathon Mannheim teil.

Entwicklung von KPIs zur Erfolgskontrolle bei der Allianz (Eike Doerte Bürgel, Allianz SE)

„Zu Beginn entwickeln wir für alle Partnerschaften ein KPI-System, das sich an den Partnerschaftszielen orientiert. Die standardisierten KPIs erheben wir bis zu vierteljährlich differenziert nach den drei Zielbereichen **People, Business, Brand.** Auf dieser Basis versuchen wir, den Gesamt-ROI der Partnerschaft über ein Modell abzubilden.

Für den Zielbereich **People** sind dies z. B. die Bekanntheit der Partnerschaft bei den Mitarbeitenden, das Vorhandensein eines positiven Sentiments, die Anzahl der Anfragen für olympiabezogene Aktivitäten aus den Allianz-Ländern, die Anzahl der Teilnehmenden an Mitarbeitermaßnahmen.

Als **Business**-KPIs werden Abschlusszahlen (z. B. New Business GWP) als auch KPIs einzelner Maßnahmen, wie z. B. Anzahl der generierten Leads quartalsmäßig auf Länderebene getrackt. Eine direkte Zuordnung zu einer einzelnen Marketing-Maßnahme ist meist nur eingeschränkt möglich. Dazu gibt es in den meisten Produktkategorien auf die Verkaufszahlen zu viele weitere Einflussfaktoren, die außerhalb des Sportengagements liegen.

Im Bereich **Brand** erheben wir die typischen Kennzahlen aus dem Brandfunnel, wie Markenbekanntheit, Bekanntheit der olympischen Partnerschaft, Markensympathie, Kaufabsicht, Kundenloyalität, etc. Natürlich tracken wir die Reichweite und das Sentiment unserer Kommunikationsmaßnahmen in den sozialen Medien, nicht nur als Erfolgskontrolle, sondern auch um gegebenenfalls schnell reagieren zu können." ◄

2.2.2 Identifizierung der Sponsoringzielgruppen

Aus den Sponsoringzielen ergeben sich die Zielgruppen, die mit dem Sponsoring erreicht werden sollen. Zunächst denkt man häufig an Neu- oder Bestandskunden, die je nach Geschäftsmodell sowohl im B2C- als auch B2B-Kontext zu finden sind. Dabei ist auch zu berücksichtigen, ob Käufer auch gleichzeitig Nutzer, Konsumenten, Anwender oder Händler sind. Gerade bei B2B-Entscheidungen sind hierbei unterschiedliche Rollen im Buying-Center zu beachten. Viele der oben vorgestellten Ziele wenden sich jedoch an andere Gruppen: bestehende oder künftige Mitarbeitende, Partner aus anderen Unternehmen, Lieferanten, Multiplikatoren, Journalisten, Vertreter aus Branche, Gesellschaft oder Politik sowie Kapitalgeber und Eigentümer. Diese Zielgruppen sind mit den Zielgruppen des Gesponserten abzugleichen, um eine möglichst große Überschneidung zu erreichen.

Aufseiten des Gesponserten lassen sich drei Ebenen der Nutzerschaft unterscheiden (Bruhn und Rohlmann 2024, S. 172): **Aktive Teilnehmer** betätigen sich selbst sportlich bei den Sportereignissen. **Besucher** nehmen passiv an den Veranstaltungen teil. **Mediennutzer** konsumieren Sport indirekt über Medien wie TV, Streaming, Internet, Social Media, Print oder Rundfunk.

Mittels definierter und gewichteter Kriterien können infrage kommende Sponsoringobjekte (individueller Sportler, Team, Verein, Club, Verband, Veranstaltung) auf Passgenauigkeit (Affinität) geprüft werden.

„Zuerst identifizieren wir potenzielle Partnerschaften, die wir anhand vorher definierter Kriterien bewerten. Relevante Kriterien sind für uns die Effekte auf die Markenbekanntheit, das Markenimage sowie die Möglichkeiten im Bereich Netzwerk und Hospitality. Vor allem der letzte Punkt ist für uns als Privatbank entscheidend. Am Entscheidungsprozess sind das Marketing, die Geschäftsleitung und die Eigentümer beteiligt."
Tobias Francomano, LGT Private Banking

Hierbei bietet es sich an, mit Sekundärdaten zu arbeiten (z. B. Sportprofile AWA, DOSB Bestandserhebung). Die Vereinigung Sportsponsoring-Anbieter e. V. (VSA) bietet auf Ihrer Homepage Teile der Sportprofile AWA kostenfrei zum Zugriff an (https://vsa-ev.de/wissenshub; Stand 05.12.25). Häufig stellen Berater, Vermarkter und Verbände weitere Entscheidungshilfen zur Verfügung. Naturgemäß sind diese Daten nicht vollkommen neutral aufbereitet. Dennoch können damit potenzielle Sponsoringobjekte identifiziert werden, die grundsätzlich passen könnten.

2.2.3   Sportsponsoringstrategie

Ist die Entscheidung gefallen, dass Sportsponsoring grundsätzlich betrieben werden soll, stehen konkrete inhaltliche Entscheidungen an. Bruhn und Rohlmann (2024, S. 196) sehen folgende Dimensionen einer Sponsoringstrategie:

Sponsoringsubjekt Wer tritt als Sponsor auf (Gesamtunternehmen, Produktlinie, einzelne Marke, Produkt oder Dienstleistung)?

Zielgruppen: Bestimmung der Adressaten, z. B. Kunden, Investoren, Mitarbeitende oder spezifische Konsumentengruppen.

Botschaft Definition der zu vermittelnden Inhalte (Name, Logo, Slogan) unter Beachtung rechtlicher und sportbezogener Rahmenbedingungen.

Gesponserter Auswahl des Partners in sachlicher, personeller und zeitlicher Hinsicht (z. B. Sportler, Club, Event für mehrere Jahre).

Maßnahmen Festlegung der Instrumente wie Trikotwerbung, Umfeldwerbung, Merchandising oder VIP-Einladungen.

Areal Entscheidung über den geografischen Fokus – lokal, regional, national oder international.

Timing Festlegung von Dauer und Intensität der Aktivitäten, abgestimmt auf Kommunikationsziele (z. B. Imagekampagne vs. Produkteinführung).

Stark vereinfacht lässt sich eine Strategie als Weg zum Ziel sehen. Entsprechend lassen sich verschiedene Typen von Strategien identifizieren, die jeweils an den Sponsoringzielen orientiert sind (vgl. Tab. 2.1).

Sponsoringgrundsätze und Leitlinien helfen bei der Umsetzung der strategischen Sponsoringplanung (Walzel und Schubert 2018, S. 115). Die schriftlichen und verbindlich formulierten Grundsätze enthalten typischerweise folgende Bausteine (Bruhn und Rohlmann 2024, S. 220):

- Sportarten mit Begründung für die Auswahl (z. B. Produkt- oder Imageaffinitäten, Aktivierungsmöglichkeiten, Zielgruppenfit)

Tab. 2.1 Strategietypen im Sportsponsoring (Erweitert nach Bruhn und Rohlmann 2024, S. 204)

Strategietypen	Ziele	Gestaltung	Beispiele
Leistungspro-filierung	Kompetenz- und Reputationsnachweis für die Leistung des Sponsors	Glaubwürdige Performance-Verantwortlichkeit für Leistung des Gesponserten	Sportartikelhersteller, Nahrungsergänzungsmittel
Bekanntmachung	Wahrnehmung, Bekanntheit und Akzeptanz	Massives Sponsorship mit hoher Reichweite und intensiver Präsenz	Markteintritt neuer Marken (z. B. Homeday, Kyocera)
Imageprofilierung	Imagesteigerung, Glaubwürdigkeit, positive Kundeneinstellung	Sponsoringtätigkeit mehr als Sportförderer, denn als Nutzung für wirtschaftliche Zwecke	Regionale Banken
Zielgruppen-erschließung	Konzentration auf Marktteilnehmer mit bestimmten Merkmalen, Kundengewinnung	Geballter Mitteleinsatz in Lebens- und Sportumfeld basierter Gruppen	BMW im Laufsport, Schwäbisch Hall im Gaming, Wüstenrot im E-Sport
Beziehungspflege	Kontaktaufbau und -ausbau, verstärkte Kundenbindung	Begleitung der Zielgruppen in ihrem privaten Umfeld durch Präsenz und Konsumangebote; B2B-Kundenbeziehungen	Bitburger Brauerei im Fußball; Networking in Businessbereichen
Know-how	Nachweis von speziellem Know-how für Sportdurchführung	Großteil des Sponsorings als Sachleistung bei Sportwettbewerben wie Zeitmessung, Ergebnisausweise etc.	Computerfirmen, Uhrenhersteller
Sympathie	Kenntlichmachung und Akzeptanz von grundsätzlicher Verantwortung zwischen Sponsor und Gesponsertem	Sponsoring als Beitrag zur besseren Erfüllung gesellschaftlicher und klimapolitischer Ziele des Gesponserten	Energieunternehmen, Umwelt- und Klimadienstleister
Regionalisierung	Bewusstmachung eines regionalen Bezugs zwischen Sponsor und Gesponsertem	Sponsoringbeitrag zur Lösung regionaler oder lokaler Fragen mittels Sport (Breiten-, Jugend-, Behindertensport)	Unternehmen mit starkem Lokal- oder Regionalbezug wie Stadtwerke, Sparkassen usw.
HR-Incentive	Bindung und Gewinnung von Mitarbeitenden mittels besonderer Erlebnisse	Aktive und passive Teilnahme an Sportevents als verbindendes Erlebnis, Nutzung von Sportinfrastruktur für HR-Maßnahmen (Teambuilding, Recruiting)	Gemeinsamer Besuch eines Wettkampfs des gesponserten Teams, Firmenmannschaft bei Citylauf, Teamtag in Loge
Stakeholderpolitik & Networking	Sichtbarkeit bei und Kontaktanlässe mit Stakeholdern aus Politik, Region, Wirtschaft, Branche	Präsenz in Businessbereichen, Teilnahme an Sponsorenstammtischen, Netzwerkarbeit mittels der Plattform Sport	Partnerunternehmen in Businessbereichen bei zahlreichen Proficlubs

- Entscheidung für bzw. gegen bestimmte Formen des Sportsponsoring (z. B. Spitzensportler, Mannschaften, Organisationen, Sportereignisse)
- Niveaus der Sportförderung (z. B. Spitzen-, Breiten-, Nachwuchssport)
- (Mindest-)Präsenz in den Medien und Reichweite der Sportberichterstattung
- Stellung des Unternehmens im Vergleich zu anderen Sponsoren (z. B. Exklusiv- versus Co-Sponsorship)
- Bedingungen für Maßnahmen und etwaige Einschränkungen (z. B. Werbemittel, VIP-Einladungen, Logo-Verwendung, Zugriff auf Sportler)
- Allgemeine Bedingungen (z. B. Laufzeit der Verträge, Nutzung im eigenen Unternehmen, geografische Einzugsgebiete, interne Zuständigkeiten).

Diese Sponsoringgrundsätze berücksichtigen dabei stets die strategischen Rahmenbedingungen des Sponsors. In den letzten Jahren nahm die Bedeutung des Themas „Nachhaltigkeit" sowohl in den Unternehmen als auch im Sport immer mehr zu. Deshalb werden regelmäßig auch die Dimensionen soziale und ökologische Nachhaltigkeit neben ökonomischen Aspekten in den Grundsätzen berücksichtigt.

> **Nachhaltigkeit als Auswahlkriterium (Eike Doerte Bürgel, Allianz SE)**
>
> „Nachhaltigkeit ist ein Grundsatzthema der Allianz und ist daher eines unserer Auswahlkriterien anhand derer wir eine Partnerschaft prüfen. Beispielsweise analysieren wir die Event-Legacy hinsichtlich der Nutzung temporärer Einrichtungen anstelle von Neubauten. Wir halten die SDGs im Auge und sind auch gerade im Bereich „Soziales" stark engagiert." ◄

Auch vor dem Hintergrund, dass Unternehmen immer wieder Anfragen von Sportorganisationen und deren Vermarktern für ein Sponsoring erhalten, sind solche Leitlinien hilfreich, um schnelle und konsistente Entscheidungen zu treffen. Denn besonders Sponsoren, deren Maßnahmen erfolgreich wahrgenommen werden, sehen sich zahlreichen Angeboten gegenüber. So lassen sich auch Absagen konsistent begründen und hinterlassen auf der Gegenseite keinen negativen Beigeschmack.

2.3   Implementierung des Sportsponsorings

Bei der Implementierung eines Sportsponsorings sind zahlreiche strategische, organisatorische und kommunikative Aspekte zu berücksichtigen, um Wirksamkeit, Effizienz und Markenpassung sicherzustellen. Neben der Kalkulation des Budgets erfolgt die Auswahl der konkreten Sponsorships sowie die Entwicklung von einzelnen Maßnahmen.

> **Hinweise aus der Praxis zum Einstieg ins Sportsponsoring (Jens Falkenau, Nielsen Sports)**

„Wenn Kunden auf uns zukommen, sprechen wir zunächst drei Punkte an:

1. Unterschätze nicht, dass Sportsponsoring Geld kostet. Dies fällt nicht nur für die Rechte an. Es müssen zudem Budgets für deren Aktivierung sowie für Analyse und Planung einkalkuliert werden.
2. Analyse und Planung brauchen Manpower. Wir und andere Researcher liefern gut aufbereitete Daten. Mit diesen Daten muss dann weitergearbeitet werden. Dazu sind Manpower und Kompetenzen nötig, die aufseiten des Unternehmens oder einer Agentur vorhanden sein müssen.
3. Frühzeitig sollte man sich Gedanken über die Evaluation machen: Man arbeitet auf bestimmte Ziele hin, die man mit einem Sportsponsoring erreichen will und investiert viel in diese Maßnahmen. Deshalb sollte eine Evaluation auch zur Steuerung verwendet werden und nicht nur die Kontrolle der Zielerreichung sicherstellen. Dazu sind zielbezogene KPIs für das Sportsponsoring wichtig.“ ◄

2.3.1 Budgetierung

Aufbauend auf den Sponsoringzielen und der erarbeiteten Strategie werden die notwendigen Mittel geplant. Im Rahmen des Sportsponsorings berücksichtigt das Budget nicht nur die Mittel für den Erwerb der Sponsoringrechte, sondern auch Zusatzkosten (Abschn. 2.3.5), die Aktivierung (Abschn. 2.3.3), sowie die interne und externe Arbeitskraft sowie Controllingkosten.

> „Bei der Budgetplanung nutzen wir eine Kosten-Nutzen-Analyse. Wir schauen uns an, welche Reichweiten wir erwarten und wie hoch die potenzielle Resonanz ist. Dabei spielen historische Daten aus vergangenen Sponsoringaktivitäten sowie unsere interne Expertise eine große Rolle. Natürlich orientieren wir uns auch an der strategischen Bedeutung einer Sponsoringmaßnahme für unser Unternehmen.“
> Tobias Francomano, LGT Private Banking

Bei der Budgetierung orientiert sich die Praxis häufig an der Finanzkraft (Wie viel ist dieses Jahr noch für Sponsoring drin?), am Umsatz (X% des Umsatzes für Marketing und Y% davon für Sponsoring) oder am Wettbewerb (Wie viel macht der Wettbewerber?). Bei der Ziel-Aufgaben-Methode dagegen erarbeitet man systematisch die Anforderungen, die für die Zielerreichung nötig sind, und leitet dementsprechend das Budget ab (Daumann und Römmelt 2015, S. 143). Der Sponsoringmanager steht hierbei in der gelebten Praxis oft vor einer Henne-Ei-

Problematik. Ist wie bei den drei erstgenannten Ansätzen das Budget ex-ante fix, kann er auf dieser Basis die möglichen Sponsorships auswählen. Das Erreichen der zuvor definierten Ziele ist dann häufig nicht einfach. Stellt man dagegen die Ziele in den Vordergrund, ergibt sich das nötige Budget erst im Nachhinein. Dieses Problem lässt sich dadurch lösen, dass man den Sponsoringmanagementprozess (Abb. 2.1) nicht als streng konsekutiven Prozess betrachtet, sondern dass kontinuierlich Rückkopplungen und Anpassungen erfolgen.

Die Preise für Sponsoringrechte variieren und hängen im Wesentlichen von Sichtbarkeit, medialer Reichweite, sportlichem Erfolg, Markenstärke, Exklusivität und Laufzeiten ab. Deshalb hängen Ziel- und Strategieformulierung (Abschn. 2.2.1), Budgetierung und Auswahl von Sponsorships (Abschn. 2.3.2) eng zusammen.

2.3.2 Auswahl von Sponsorships und Entwicklung von Einzelmaßnahmen

Die Auswahl der konkreten Sponsorships erfolgt unter Berücksichtigung der definierten Sponsoringziele sowie der Unternehmens-, Marken- und Kommunikationsstrategie. So gelingt die Passung zwischen Sponsor, Gesponsertem, Zielgruppe und Botschaft („Fit"). Drei zentrale Entscheidungsbereiche im Sponsoring werden bei der Auswahl berücksichtigt (Drees 2003, S. 47 ff.; Bruhn und Rohlmann 2023, S. 54 ff.; Nufer 2024, S. 278 ff.): Auswahl des Sponsoringobjekts, Spezifizierung der Maßnahmen und Festlegung des Umfangs des Engagements.

Die **Auswahl des Sponsoringobjekts** umfasst die Sportart (Fußball, Radsport, Skispringen etc.), das Leistungsniveau (Nachwuchs- bis Spitzensport, nationale vs. internationale Wettkämpfe) sowie die Organisationseinheit (Einzelsportler, Mannschaften, Vereine/Clubs, Verbände, Veranstaltungen etc.). Bei der Auswahl des konkreten Sponsoringobjekts sind Präferenzen und Verhalten der Sponsoringzielgruppen zu beachten, die im Rahmen der Analyse und Planung erarbeitet wurden. Diese Auswahlentscheidung beeinflusst maßgeblich das nötige Budget (im Folgenden auf Basis von Medienberichten kolportierte Werte): Ein Hauptsponsoring (mit Trikot) bei einem Premiumclub in der Fußballbundesliga kostet allein für die Sponsoringrechte leicht 30-60 Mio. € jährlich. Kleinere Pakete mit weniger Exklusivität und bei weniger starken Clubmarken sind ab mittleren sechsstelligen Beträgen möglich. Bei Clubs in der 2. Fußball-Bundesliga liegen die Hauptsponsorships typischerweise zwischen jährlich 1 und 5 Mio. €. In den anderen deutschen Profisportligen (BBL, DEL, HBL) liegen Hauptsponsorships im Schnitt zwischen 1 bis 2 Mio. € p. a. Insgesamt ist die Streuung jedoch auf Basis der regionalen Reichweiten sowie der Teilnahme an internationalen Wettkämpfen hoch.

Bei der **Spezifizierung der Maßnahmen** bieten sich zahlreiche Optionen an:

- Markierung von Gegenständen (z. B. Trikotwerbung, Sportgeräte, Ausrüstung),
- Präsenz im Umfeld des Gesponserten (z. B. Medienerzeugnisse wie Social Media, Apps, Pressemitteilungen, Newsletter, Product-Placements, Content-Marketing, Verkaufsförderungsmaßnahmen, Sponsorenevents),
- Präsenz im direkten Umfeld von Sportveranstaltungen (z. B. Werbung auf Banden, Anzeigetafeln, Spielfläche, Trainerbank, Homepages; Durchsagen; Aktivitäten im Umfeld wie Promotions, Halbzeitaktionen, Roadshows, Infostände, Unterhaltungsaktionen; Hospitalitymaßnahmen (Businessclub, Logen),
- Nutzung von Prädikaten (z. B. „offizieller Lieferant/Förderer/Partner") in Maßnahmen des Sponsors,
- Namensrechte von Eventserien (FedEx Cup), Sportstätten (Allianz Arena), Ligen (Google Pixel Frauen Bundesliga, PENNY DEL), Veranstaltungen (SRH Dämmer Marathon), Teams (Radsportteam Redbull – BORA – hansgrohe),
- Einsatz von Sportlerpersönlichkeiten als Testimonials oder bei Veranstaltungen (Meet & Greet, Sponsorenveranstaltung, Trainingsevent mit Sportler),
- Nutzung von (Sport-)infrastruktur während und außerhalb von Sportevents (Logen, Hospitality, Trainingsgelände, Stadion),
- Organisation von (Sport-)Veranstaltungen mit Sponsoringbezug,
- Nutzung von Sponsoringassets bei Maßnahmen mit Kunden oder Mitarbeitenden (z. B. Gewinnspiele für Tickets, signierte Trikots) oder der Entwicklung von sponsoringbezogenen Leistungen (Abschn. 2.3.4).

Bei den vielfältigen Möglichkeiten, die Sportsponsoring bietet, ist eine Fokussierung auf die definierten Ziele nötig:

> „Einzelmaßnahmen werden auf Basis der Sponsoringstrategie entwickelt. Jede Maßnahme muss dazu beitragen, unsere Sponsoringziele zu erreichen. Dazu gehören externe Aktivitäten, aber auch interne Maßnahmen, um unsere Mitarbeitenden einzubinden. Wir arbeiten hier mit Fachabteilungen wie Kommunikation, HR und Kundenberaterinnen und -beratern zusammen, die wir so aktiv in die Entwicklung der Maßnahmen integrieren."
> Tobias Francomano, LGT Private Banking

Zum dritten erfolgt die **Festlegung des Umfangs des Engagements** mit einer Spannbreite vom Vollsponsoring mit alleinigen Nutzungsrechten über Hauptsponsoring mit klarer Dominanz bis zum Co-Sponsoring ohne Exklusivrechte. Eine Besonderheit im Sportsponsoring ist, dass viele Leistungspakete einmalig sind. So ist stets die aktuelle Verfügbarkeit des vermeintlich optimalen Sponsorships zu beachten.

Die Implementierung und Steuerung der diversen Maßnahmen erfolgt mithilfe von Projektmanagementinstrumenten.

„Die Umsetzung erfolgt in enger Abstimmung mit unseren internen Abteilungen. Wir setzen auf einen Projektplan, regelmäßige Meetings und klare Rollenverteilungen. Da wir für alle Engagements mit internationaler Wirkung verantwortlich sind, achte ich besonders darauf, dass unser Branding korrekt, aber auch mit Hinblick auf bestmögliche, aber auch dem Anlass entsprechende Sichtbarkeit umgesetzt wird. Flexibilität hinsichtlich der Planung ist ebenfalls wichtig, um auf unvorhergesehene Entwicklungen zu reagieren."
Tobias Francomano, LGT Private Banking

Das Zitat verdeutlicht, dass Sponsoringmanager bei der Implementierung Schnittstellenfunktionen erfüllen: Sie koordinieren unterschiedliche Stakeholder zu verschiedenen Zeitpunkten, sodass das Gesamtwerk „Sportsponsoring" seine optimale Wirkung entfalten kann.

2.3.3 Aktivierung der Sportsponsoringrechte und Vernetzung mit anderen Maßnahmen

„Das Recht allein ist kein Erfolgsgarant! Eine Partnerschaft braucht eine Aktivierung und ein entsprechendes Budget. Sonst ist sie nur ein Logo auf einem Werbeträger und verliert viele Chancen. Man sollte bei der Aktivierung die Zielgruppe gut analysieren und passende Geschichten erzählen. Denn die intensive Auseinandersetzung mit Zielgruppen und Kommunikationsaspekten kann einen Erfolgscase anstelle eines Shitstorms entstehen lassen.
Nehmt Geld in die Hand, nicht nur für das Recht, sondern auch für die Aktivierung! Macht Euch vorher Gedanken zur kommunikativen Aktivierung. Dann kann eigentlich nichts schief gehen."
Karsten Bentlage, SPORTFIVE

Sportsponsoring ist kein Alleingänger, der funktioniert, sobald ein Sponsoringdeal abgeschlossen ist und die Werbemittel belegt sind.

Aktivierung im Wahrnehmungswettbewerb (Jens Falkenau, Nielsen Sports)

„Der Kauf eines Sponsoringrechts ist nur die halbe Miete. Dann kommt die Aktivierung der erworbenen Rechte. Im Sponsoring herrscht ein Kampf um Aufmerksamkeit. Dieser ist noch stärker als in der klassischen Werbung. Man hat immer mit konkurrierenden Werbereizen zu kämpfen. Man ist nie allein auf der

Bahn. Und selbst wenn ich allein auf dem Trikot bin, gibt es viele Mannschaften, die in der Bundesliga spielen und die auch Trikotsponsoren haben. Das heißt, man ist immer in einem Wahrnehmungswettbewerb. Deshalb muss man auf der Awareness-Ebene den Konsumenten erstmal klarmachen, dass ich Partner und Sponsor bin. Da muss man sich durchsetzen und dies verlangt entsprechende Arbeit, um die Wahrnehmungshürde zu überspringen. Die Aktivierung der Rechte bedeutet etwas mit den Rechten zu machen, das Wahrnehmung, Aufmerksamkeit und digitalen Buzz generiert. Das geht über die eigentlichen partnerschaftlichen Rechte hinaus. Die Aktivierung braucht Budget und Manpower. Hierbei muss im Vorfeld auch geplant werden, wie viel ich zusätzlich investieren muss, damit meine Rechteinvestitionen auch ihre Wirkung entfalten." ◄

► Die Aktivierung des Sponsorings ist der Einsatz zusätzlicher Marketingmaßnahmen, die über die im Rahmen des Rechteerwerbs zugesicherten Maßnahmen hinausgehen. Diese sollen Kontakt und Austausch zwischen dem Sponsor und der Zielgruppe des Sponsoringengagements fördern und damit Sponsoringpotenziale besser nutzen (Dreisbach 2019, S. 275).

Bezogen aufs Marketing wird seit langem auf die Bedeutung der „integrierten Kommunikation" hingewiesen. Das ist die Abstimmung aller Kommunikationsmaßnahmen durch das Corporate Design (Farben, Logos) und verbindende Elemente, die in allen Maßnahmen eingesetzt werden (Daumann und Römmelt 2015, S. 169). Das können Jingles (Sail away – Beck's, Like ice in the sunshine – Langnese, Di-di-di-Dip der Telekom), Slogans („Wir machen den Weg frei" der Raiffeisen-/Volksbanken) oder Key Visuals (Segeljacht – Beck's) sein. Im Kontext des Sportsponsorings bedeutet dies, dass das Sponsoring und andere Kommunikationsmaßnahmen verknüpft werden. Eine sehr einfache integrierte Aktivierung ist, dass bei einem Gewinnspiel Tickets, besondere Erlebnisse (z. B. Meet & Greet mit Sportstars) oder Sportartikel (z. B. signiertes Trikot) verlost werden. Weiterhin bietet sich Sportcontent als Aufhänger für das Storytelling einer Marke an. Etwas herausfordernder ist eine passende und unterhaltsame Einbindung des Sponsorings in klassische Werbemaßnahmen (z. B. Sportler nutzen Produkt/Leistungen einer Marke). Hierbei helfen die Sponsoringagenturen mit viel Kreativität.

Neben den in Abschn. 2.3.2 skizzierten typischen Maßnahmen sind immer wieder kreative Lösungen zur Aktivierung zu beobachten, die ein Sportsponsorship mit anderen Disziplinen verknüpfen. Das von der Agentur Ogilvy kreierte Beispiel „Burger King & FC Stevenage" wird in der folgenden Box dargestellt. Zahlreiche weitere Erfolgsstorys finden sich regelmäßig bei Spobis.com sowie auf den Homepages der Agenturen (Abschn. 4.3).

„Burger King & FC Stevenage" – Mehr als nur In-Game-Werbung

Das Sponsoring von Burger King beim englischen Viertligisten FC Stevenage ist ein bemerkenswertes Beispiel für kreative und effektive Marketingstrategien im Sport. Im Jahr 2019 begann Burger King eine Partnerschaft mit dem FC Stevenage, einem wenig erfolgreichen, viertklassigen englischen Verein (EFL League Two). Als Trikotsponsor erscheint Burger King damit automatisch im erfolgreichen Videospiel FIFA 20 von EA Sports. Die Strategie basierte auf der „Stevenage Challenge": Gamer wurden dazu aufgerufen, mit dem FC Stevenage zu spielen und besondere Leistungen (z. B. Tore oder Siege) in den sozialen Medien teilen. Als Anreiz lobte Burger King Preise für die besten Beiträge aus.

Die Kampagne erzielte große Reichweite: In der *FIFA*-Community avancierte Stevenage zu einem der meistgespielten Teams. Zahlreiche Nutzer verpflichteten im Spiel Weltstars, die virtuell im Stevenage-Trikot aufliefen. Social-Media-Feeds füllten sich mit Beiträgen und Streams, in denen die Marke Burger King prominent sichtbar war; in vielen Clips erreichte das Team sogar virtuell das Finale der Champions League.

In der Saison 2020/21 übernahm Burger King zudem das Sponsoring des Frauenteams und trat mit einem eigens gestalteten „Burger Queen"-Logo auf den Trikots auf. Die Zusammenarbeit steigerte die Sichtbarkeit der Marke und stärkte deren Wahrnehmung als kreativer, engagierter Sponsor. Zugleich profitierte der FC Stevenage durch Rekordwerte im Merchandise-Absatz. Konzipiert wurde die Kampagne von der Agentur Ogilvy, die dafür bei den Cannes Lions 2021 ausgezeichnet wurde (Bajaj 2021; Ogilvy o. J.; Burger King 2020). ◄

Bezüglich der Budgetierung hat sich als Praxisregel durchgesetzt, dass pro 1 € Rechtekosten mindestens 1 € für Aktivierung einzuplanen ist. Entscheider im Sponsoring geben sogar ein Verhältnis von 1 € zu 1,2-1,5 € an (Nielsen Sports 2018, 2017).

„Obwohl den Sponsoringprofis die Wichtigkeit der Aktivierung bewusst ist, hat man bisweilen trotzdem einfach nicht das Budget. Die See ist rau, der Wind bläst und die Unternehmen können nicht mehr so budgetieren wie sie wollen. Teils möchte der Vorstand, dass man irgendwo im Sport präsent ist, hat aber nicht das Geld für eine vernünftige Aktivierung. Dann muss geschaut werden, dass trotz der limitierten Ressourcen das Engagement seine Wirkung entfalten kann."
Jens Falkenau, Nielsen Sports

Auch bei der Aktivierung sind die Sponsoringziele und Kennzahlen zur Erfolgskontrolle stets im Hinterkopf zu behalten.

> **Ziele und Kennzahlen als Basis der Aktivierung (Eike Doerte Bürgel, Allianz SE)**
>
> „Ein wichtiger Erfolgsfaktor von Partnerschaften ist das Setzen guter Ziele inklusive passender KPIs und die Ausrichtung der Maßnahmen an diesen. Das erhöht die Erfolgschance eines Engagements. Das aktuelle Beispiel Paris 2024 zeigt, dass über 90 % der weltweiten Ländergesellschaften der Allianz das Thema „Olympische und Paralympische Spiele" aktivieren.
>
> Wir haben gelernt, dass es wichtig ist, mit der Planung und Kommunikation der Maßnahmen ausreichend vor dem Event zu beginnen. Wir waren sehr erfolgreich mit der systematischen Platzierung von branded Content in den digitalen Medien. Mittels Behind-the-Scenes-Stories konnten wir als Versicherungspartner das Thema „being prepared" besetzen." ◄

2.3.4 „Sponsorship-to-Product": Entwicklung sponsoringbezogener, vermarktbarer Leistungen

Bei der Implementierung stehen nicht nur die erworbenen (Standard-)Rechte und deren Aktivierung im Fokus, sondern Sponsoren versuchen sponsoringbezogene vermarktbare Leistungen zu entwickeln (Sponsorship-to-Product). Banken bieten Karten oder Konten mit Sponsoringbezug an, wie z. B. die FC Bayern Sparkarte der HypoVereinsbank, deren Verzinsung von den Toren des FCB abhängt. Visa hat im Rahmen der olympischen Winterspiele 2018 NFC-Handschuhe mit integrierter Bezahlfunktion vorgestellt. Häufig sind Fankollektionen und Produktvarianten mit Sponsoringbezug zu beobachten: Getränkehersteller bieten teamspezifische Gebinde an (z. B. Bud Light NFL-Dosen, Coca-Cola FIFA-WM Designs). Der Uhrenhersteller Tag Heuer bietet die Oracle-Red Bull Racing's Watch Selection. Wettbewerber Hublot stattet die FIFA-Schiedsrichter aus und vermarktet die Big Bang Referee. Tissot vermarktet eine NBA-Kollektion mit Markenbotschaftern wie NBA-Legenden Tony Parker und Damian Lillard sowie der aktuellen WNBA-Spielerin Sabrina Ionescu.

Typisch bei der Entwicklung solcher vermarktbaren Leistungen sind **Produktnähe** (Sondermodelle, Features oder Services, die ohne die Partnerschaft nicht möglich wären), **Exklusivität** und **Limitierung,** die Begehrlichkeit steigern (z. B. Team-Dosen, Sondertrikots). Weiterhin sind direkt **erlebbare Kundennutzen** (z. B. schnelleres Bezahlen, präzisere Uhr) sinnvoll. **Neue Anwendungsfälle und Zielgruppen** können im Rahmen eines Sportsponsorings erschlossen werden, wie das Fallbeispiel der Allianz zeigt:

> **Beispiel: Vermarktbare Produkte mit Bezug zum Sponsoringengagement (Eike Doerte Bürgel, Allianz SE)**
>
> Im Rahmen unserer Olympischen Partnerschaft haben wir das gesamte Sport-ökosystem analysiert. Dazu gehören die Olympische und Paralympische Bewegung (IOC, IPC), die lokalen Organisationskomitees, die 204 Nationalen Olympischen Komitees, die internationalen und nationalen Sportfachverbände aller Sportarten, die Athletinnen und Athleten sowie die weiteren Top-Partner der Olympischen Bewegung. In diesem weiten Feld haben wir Handlungsmöglichkeiten und konkrete Produkte identifiziert.
>
> Dabei ist zwischen klassischen Produkten, die es bereits gibt, und individualisierten Versicherungslösungen zu unterscheiden. Klassische Produkte sind General Liability Insurances für Sportorganisationen. Kfz-, Haftpflicht-, Berufsunfähigkeits-, Hausrat- oder Rechtsschutzversicherungen benötigt jeder Sportler. Individualisierte Angebote, die nationale Regularien und sehr spezifische Risiken berücksichtigen, sind beispielsweise für Veranstalter von Großsportevents notwendig. So lassen sich neben den People- und Branding-Zielen vielfältige Business Opportunities mit einer Partnerschaft im Sport realisieren. ◄

2.3.5 Vertragsgestaltung und organisatorischer Rahmen

Bei der Gestaltung des Sponsoringvertrages gelten die gemäß BGB üblichen Regelungen für Verträge. Folgende Aspekte sind im Sportsponsoring spezifisch zu regeln (vgl. Fritzweiler et al. 2020, S. 405 ff.; Lienig 2022, S. 179 ff.; Bruhn und Rohlmann 2024, S. 391 ff.): Unter **Leistungen des Sponsors** sind die zu erbringenden Geld-, Sach- und Dienstleistungen sowie Modalitäten der Leistungserbringung aufgeführt. Die Beschreibung der **Leistungen des Gesponserten** sollen möglichst detailliert erfolgen. Typische Leistungen sind beispielsweise Rechte zu werblicher Nutzung (z. B. Marken, Testimonials, Bilder), Werbeleistungen (Banden, Trikot, Social Media, Namingrights), Zugänge zu Hospitality, Events und Incentives, Möglichkeiten zu verkaufsfördernden Maßnahmen oder die Beteiligung an und Mitgestaltung bei Aktionen des Gesponserten. Üblich ist eine Regelung welche Partei welche **Zusatzkosten** übernimmt. Dies betrifft beispielsweise die Frage, wie Kosten für Druck, Beflockung, Bandentechnik und -logistik, Werbemittel- oder Medienproduktion, Bilderrechte sowie Rechte beteiligter Dritter (z. B. Sportler) verteilt werden.

Die Regelung der **Vertragsdauer** ermöglicht den Parteien die Planung der jeweiligen Maßnahmen. Typisch sind Verträge von mindestens einer Saison. Da einige Sponsoringziele nicht kurzfristig erreichbar sind, werden auch längere Laufzeiten vereinbart sowie **Optionen zur Verlängerung** der Partnerschaft geregelt.

Typisch ist die Regelung der **Exklusivität** des Sponsorings bei entsprechend hochwertigen Sponsoringpaketen. Der Sponsor wünscht sich ein Umfeld, in dem keine Konkurrenten oder sonstige Störeinflüsse wirken. Branchenexklusivität bedeutet hierbei, dass der Sponsor in keiner direkten Konkurrenz zu einem weiteren Partner steht. Bei Hauptsponsoren kann sich Exklusivität auch auf Leistungen beziehen, die kein anderer Partner erhält (Logo auf der Trikotbrust, Zugriff auf die Mannschaft).

Sponsoringverträge enthalten häufig Verhaltensklauseln, die sicherstellen sollen, dass der Gesponserte durch sein Auftreten, seine öffentliche Kommunikation oder sein Verhalten nicht das Image des Sponsors schädigt (**Wohlverhaltensklauseln**). Dazu gehören Verpflichtungen zu einem positiven, markenkonformen Auftreten und zur Einhaltung ethischer, sozialer oder sportlicher Normen. Verstöße gegen derartige Normen – etwa Doping, Manipulation, Gewalt oder Diskriminierung – gelten als wichtige Kündigungsgründe im Sponsoringvertrag.

Die Vereinbarung von **Vertragsstrafen** soll die Folgen von Pflichtverletzungen festlegen und kann die Vertragstreue und Verlässlichkeit steigern.

Auch wenn der Sponsoringvertrag bilateral zwischen Gesponsertem und Sponsor geschlossen ist, müssen sich beide Parteien den **sportorganisatorischen Rahmenbedingungen,** innerhalb derer der Sport agiert, bewusst sein. So haben Sportverbände aufgrund der monopolartigen Strukturen sportspezifische Regelungsrechte und setzen organisatorische Rahmenbedingungen. Hierunter fallen beispielsweise Werbebeschränkungen (z. B. Größe und Anzahl der Werbeflächen auf der Sportbekleidung) oder die Terminierung der Wettkämpfe. Bei einem gesponserten Einzelsportler oder einer Mannschaft ist der Einfluss des Sponsors gering. Ist der Gesponserte ein regelgebender Sport-Governing-Body können die Top-Sponsoren durchaus Einfluss auf Rahmenbedingungen nehmen.

2.4 Controlling des Sportsponsorings

Die vierte Phase im Sponsoringmanagementprozess ist die Kontrollphase. Dabei soll die Idee des englischen Begriffs „Controlling", der für Kontrolle und Steuerung steht, verwendet werden. Es geht einerseits um den Abgleich von Soll und Ist bezüglich der Zielerreichung und der einzelnen Tätigkeiten im Prozess (Kontrolle). Anderseits sollen die Erkenntnisse hieraus direkt in die Lenkung und Weiterentwicklung (Steuerung) der aktuellen und künftigen Sponsoringaktivitäten fließen.

2.4.1 Ziel- und Prozesskontrolle

Die Zielerreichung lässt sich einfach kontrollieren, wenn die Ziele SMART formuliert sind (Abschn. 2.2.1). Aus der Zielformulierung ergeben sich direkt die relevanten KPIs. Die Daten liefern interne (z. B. Mitarbeitende, CRM-Systeme) und externe (z. B. Markt- und Mediaforschung, Social-Media-Monitoring) Quellen.

Im Rahmen der Prozesskontrolle wird überprüft, wie erfolgreich der Plan und die vereinbarten Leistungen umgesetzt werden. Hierbei kommen Methoden des Projektmanagements zum Einsatz (z. B. Checklisten, Projektpläne).

Erfolgskontrolle in der Praxis (Tobias Francomano, LGT Private Banking)

„Zur Kontrolle der **Zielerreichung** nutzen wir Daten von externen Anbietern und arbeiten eng mit unseren Kolleginnen und Kollegen vor Ort zusammen, die die Sponsoringaktivitäten begleiten. Das können Kundenberater sein oder auch die Marketingabteilungen in unseren Märkten. So erfassen wir sowohl quantitative Metriken wie die Reichweite als auch qualitative Aspekte wie die Wahrnehmung unserer Marke. Letztere sind besonders bei unserem Businessmodell und unserer Kundschaft wichtig.

Eine **Prozesskontrolle** erfolgt kontinuierlich. Ich führe zum Beispiel Feedbackgespräche mit den beteiligten Parteien, um den Fortschritt zu bewerten und gegebenenfalls Anpassungen vorzunehmen. Transparente Kommunikation im Team, auch über Ländergrenzen hinweg, ist hierbei besonders wichtig." ◄

2.4.2 Der (Un-)Sinn des Werbeäquivalenzwertes (AVE)

Im Sportsponsoring ist es für alle Beteiligten relevant, den Wert eines Sponsoringpaketes zu bestimmen. Unter dem Begriff „Bewertung" ist im Rechnungswesen ein Geldbetrag gemeint, mit dem man einen Posten in der Bilanz ansetzt. Im Rahmen der Preisfindung für Sportsponsorings argumentieren die Verkäufer für einen spezifischen Preis, während die Kunden den Wert eines Sponsoringpakets für ihre Ziele und die damit verbundenen Vorteile evaluieren (Römmelt und Breuer 2025). Beim Setzen eines Rahmens sollen Intermediäre die mediale Leistung eines Sponsorings bewerten. Dabei greifen sie auch auf den Wert der medialen Leistung (Mediawert) respektive den Werbeäquivalenzwert (advertising value equivalent, AVE) zurück. Wie bereits im folgenden Expertenstatement zu sehen, ist der alleinige Fokus auf diese Kennzahl problematisch. Dies liegt zum einen daran, dass Sportsponsoring weitere Wertbestandteile aufweist, die über eine mediale Aufmerksamkeit hinausgehen. Zum anderen zeigen sich bei der Anwendung in der Praxis Fehler, die den Wert regelmäßig systematisch zu hoch ausweisen. Trotzdem spielt das AVE in der Praxis eine große Rolle und wird deshalb im Folgenden erläutert sowie dessen Methode kritisch betrachtet.

Bewertung von Sponsoring in der Praxis (Jens Falkenau, Nielsen Sports)

„Wert und Nutzen transparent zu machen ist unser Kerngeschäft in der Marktforschung und Medienanalyse. Bei der Medienanalyse steht die erreichte Medialität des Sponsorings im Fokus. Hier messen wir Reichweiten, Sichtbarkeiten und deren Qualität. Weiterhin analysieren wir, welche Zielgruppen erreicht werden und welche marken- und produktbezogenen Affinitäten der Medienkonsumenten bestehen. Idealerweise lässt sich daraus ein Werbeäquivalenzwert ableiten, um den Kosten-Nutzen-Faktor des Engagements zu bewerten. Reichweiten und Medienexposition sagen allerdings wenig über die Wirkung und Wahrnehmung des Sponsorings aus. Dazu kommt die Marktforschung ins Spiel. Hier analysieren wir die Wahrnehmung des Sponsorings, die Wirkung auf Markenimage und Markenwert oder Kaufwahrscheinlichkeiten und Kundenloyalität. Aus der Kombination von Medienanalyse und Marktforschung können wir den Return des Investments in ein Sponsorship berechnen oder ein Benchmarking mit Wettbewerbern betreiben." ◄

Die theoretische Basis der Berechnung des AVE liefern Verfahren der marktorientierten Unternehmensbewertung. Zwei Verfahren sind hierbei relevant: der Comparative-Company-Approach (CCA) und das Multiplikatorverfahren (Multiple Approach).

Beim Multiplikatorverfahren wird der Wert eines Unternehmens durch die Multiplikation einer Kennzahl (z. B. Umsatz, EBIT, Gewinn) mit einem branchenspezifischen Multiplikator ermittelt. Dieses Multiple sieht üblicherweise eine Bandbreite vor. Die Adaption des Multiple Approaches in der Werbung ist die Wertberechnung über den Tausender-Kontakt-Preis (TKP). Der TKP ist der branchenspezifische Multiplikator in € pro 1.000 Kontakten. Dieser wird mit den erreichten Sponsoringkontakten [in tausend Kontakten] multipliziert. Ein medialer Sponsoringkontakt wird per Konvention (FASPO 2005, S. 8) als Exposition von 30 s mit einem Werbemittel definiert. Die On-Screen-Time (OST) ist die Zeit, in der das Werbemittel, also die Sponsoringbotschaft, zu sehen ist. Eine 2-minütige Logosichtbarkeit (120 s) entspricht also 4 Kontakten. Ein Vor-Ort-Kontakt bei einem Event wird gezählt, wenn sich eine Person 30 min am Ort des Werbemittels aufhält. Bei einem 90-minütigen Aufenthalt bei einem Sportevent hat ein Besucher somit 3 Kontakte mit dem Werbemittel. Zur Bestimmung der Anzahl der Kontakte ermittelt man die Reichweite (RW) eines Sponsorships oder schätzt sie im Vorfeld aus Daten der Vergangenheit. Die Reichweite ist z. B. die Anzahl der Zuschauer einer Sportübertragung.

Der passende TKP als Multiplikator hängt von der Qualität des Werbemittels sowie der erreichten Zielgruppe ab. So lag 2023 der durchschnittliche TKP für Erwachsene (14+) TV-Zuschauer bei der ARD bei 9,17 € und bei RTL, Sat.1 und Pro7 bei 18,05 €. Für die ökonomisch etwas interessantere Zielgruppe der Erwachsenen mit einem Haushaltsnettoeinkommen von über 3.000 € war der TKP deutlich höher: 36,86 € bei der ARD und 74,25 € bei RTL, Sat.1 und Pro7 (Agf und GfK 2023). Der TKP für einen durchschnittlichen 30-sekündigen Werbespot in der ARD Bundesliga Sportschau beträgt 13,85€ pro 1.000 Kontakte (Tab. 2.2).

Tab. 2.2 Berechnungsbeispiele: Bestimmung TKP der Sportschau; AVE mittels TKP und CCA

Bestimmung des TKP der ARD Sportschau	
Ø Werbespot (30 s) Sportschau (Listenpreis)	53.340 €
Ø Reichweite Bundesliga-Sportschau	3.850.000

$$TKP_{Sportschau} = \frac{Werbekosten}{\frac{Reichweite}{1.0000}} = \frac{53.340\,€}{3.850.000} \times 1.000 = 13,85\,€\ pro\ 1.000\ Kontakt$$

AVE Sportschau mittels TKP-Methode:

Berechnung des AVE eines Trikotsponsorings bei einem $TKP_{Sponsoring}$ von 1 €, das in einer Saison an 34 Spieltagen jeweils 120 s (= 4 Kontakte) in der Sportschau sichtbar ist:

1. Kontakte pro Sportschau = 3,85 Mio. Zuschauer * 4 Kontakte/Zuschauer = 15,4 Mio. Kontakte
2. Sportschaukontakte pro Saison = 15,4 Mio. Kontakte * 34 Spieltage = 523,6 Mio. Kontakte

$$3.\,AVE_{Sponsoring} = \frac{Reichweite}{1.000} \times TKP_{Sponsoring} = \frac{523.600.000}{1.000} \times 1\,€ = 523.600\ €$$

Der Werbeäquivalenzwert unter diesen Annahmen beträgt also etwas mehr als eine halbe Million Euro. Hierbei ist zu beachten, dass es weitere Übertragungen (weitere Sendungen und Wettbewerbe) und anderen Mediaformate (online, Print etc.) gibt, in denen das Sponsoring sichtbar sein kann. Diese Wertebestandteile werden auf ähnliche Weise ermittelt und zu einer Gesamtsumme addiert.

Tab. 2.2 (Fortsetzung)

AVE mittels CCA-Methode (ohne Wirkungsfaktor)

$$\frac{AVE_{Sponsoring}}{W_{TV?Spot}} = \frac{OST_{Sponsoring}}{OST_{TV?Spot}} \quad \rightarrow \quad AVE_{Spo} = \frac{OST_{Sponsoring} * W_{TV-Spot}}{OST_{TV-Spot}} \quad mit$$

- $AVE_{Sponsoring}$ = Werbeäquivalenzwert des Sponsorings
- $W_{TV\text{-}Spot}$ = Wert der vergleichbaren Marketingaktivität (hier TV-Spot)
- $OST_{Sponsoring}$ = Sichtbarkeit des Sponsorings: On-Screen-Time [s]
- $OST_{TV\text{-}Spot}$ = Dauer der vergleichbaren Marketingaktivität (typische Spotdauer 30 s)

Beispielrechnung des AVE eines Trikotsponsorings mit 120 s OST pro Sportschau. Ein 30-sekündiger Spot in der Sportschau kostet durchschnittlich 53.340 €

$$1.\,AVE_{Sponsoring} = \frac{OST_{Sponsoring} * W_{TV-Spot}}{OST_{TV-Spot}} = \frac{120\,sec * 53.340\,€}{30\,sec} = 213.360\,€\,pro\,sendung$$

$$2.\;AVE_{Sponsoring\,Saison} = 213.360€ \times 34 = 7.254.240\,€$$

Dieser Wert basiert auf der Annahme, dass Sponsoring und die zum Vergleich herangezogene Marketingaktivität eine gleiche Wirkung haben. Wie bereits diskutiert sprechen zahlreiche Argumente gegen diese Annahme. Ein sinnvoller Wirkungsfaktor ist notwendig, um keine künstlich überhöhten Werte auszuweisen. Legen wir den beim TKP-Verfahren verwendeten (Wirkungs-)Faktor von 14 zugrunde kommt man zu einem valideren Ergebnis. Der Faktor 14 entspricht in etwa dem Verhältnis des Sponsoring TKP von 1€ pro 1.000 Sponsoringkontakten zum TKP von 13,85€ für 1.000 Kontakte mit Werbespots in der Sportschau.

$$3.\,AVE_{Sponsoring\,Saison-gewichtet} = \frac{7.254.240\,€}{14} = 518.160\,€$$

Im Berechnungsbeispiel wird nur der AVE der Sportschau berücksichtigt. Auch bei dieser Methode werden die Werte weiterer Übertragungen und Medien zu einem Gesamtwert addiert.

Quellen: ARD Media Tarifrechner. Zugriff https://www.ard-media.de/tv/tarife (06.05.25)
ARD (2024). Sport in der ARD. Zugriff https://www.ard.de/die-ard/aufgaben-der-ard/Programm-Sport-in-der-ARD-100 (06.05.25)

Im Sponsoring gibt es ebenso keinen allgemein gültigen TKP. Bei einem TKP von 1 € für ein Trikotsponsoring, das im Rahmen der Sportschau zu sehen ist, würde man entsprechend davon ausgehen, dass der klassische Werbespot einen etwa 14-mal höheren Wert hat als ein Sponsoring. Setzt man dagegen einen TKP von 2 € für das Sponsoring an, würde man nur von einem 7-fach höheren Wert des TV-Spots im Vergleich zur Logosichtbarkeit ausgehen. Den Wertfaktor muss man vor dem Hintergrund betrachten, dass eine Sponsoringbotschaft

- mit mehreren Sponsoringbotschaften gleichzeitig um die Aufmerksamkeit des Rezipienten konkurriert (oft sind 5-15 Botschaften gleichzeitig sichtbar; z. B. beim Fußball 2 Trikotsponsoren, 2 Ausrüster, 2 Ärmelsponsoren, individuelle Schuhausrüster der Spieler, Banden in mehreren Reihen, Cam-Carpets etc. vs. klassischer Werbespot mit einer exklusiven Botschaft),
- nur kleine Teile des Bildschirms (1–5 %) einnimmt (vs. Werbespot 100 % des Bildschirms),
- teils über eingeschränkte Sichtbarkeit verfügt (Spieler läuft vor Bande, Körperteil verdeckt das Logo teilweise),
- hinsichtlich der Werbeformate eingeschränkt ist und wenig Kreativität bietet,
- im Fokus der Zuschauer hinter die sportliche Aktion tritt,
- nur optisch wirkt und nicht auditiv.

Der Comparative-Company-Approach (CCA) schätzt den Wert eines Unternehmens durch den Vergleich mit einem ähnlichen Unternehmen, dessen Marktwert beispielsweise durch eine kürzliche Transaktion oder den Börsenwert bekannt ist. Da kein identisches Unternehmen auf dem Markt ist, wird der Wert anhand des Verhältnisses von KPIs (z. B. Gewinn, Umsatz, EBITDA) angepasst.

$$\frac{W_A}{KPI_A} = \frac{W_V}{KPI_V} \; bzw. \; \frac{W_A}{W_V} = \frac{KPI_A}{KPI_V} \rightarrow W_A = \frac{KPI_A * W_V}{KPI_V} \; mit$$

- W_A = (unbekannter) Wert von Unternehmen A
- W_V = bekannter Wert des Vergleichsunternehmens V
- KPI_A = KPI des Unternehmens A
- KPI_V = KPI des Vergleichsunternehmens V

Diese Vergleichsidee lässt sich auf das Sportsponsoring übertragen. Die Werbeäquivalenzwerte nutzen medienanalytische Ansätze, um zu bestimmen, wie lange ein Sponsorship in einem bestimmten Medium zu sehen ist (OST). Die OST ist in diesem Fall der KPI. Das Vergleichsobjekt stellen alternative, ähnliche Marketingmaßnahmen dar, deren Preise bekannt sind. Beim Sponsoring werden häufig klassische Werbeformate als Vergleichsobjekte herangezogen. Ein Berechnungsbeispiel für den Wert eines Sponsorings im Rahmen der Sportschau findet sich in Tab. 2.2. Beim direkten Vergleich von Sponsoring mit TV-Werbung wird allerdings kein adäquates Vergleichsobjekt herangezogen. Wie oben bereits diskutiert unterscheiden sich u. a. die Größe der Werbefläche, der Wahrnehmungsfokus, der kommunikative Wettbewerb mit anderen Sponsoringbotschaften und des Sportcontents selbst sowie Gestaltungsmöglichkeiten zwischen Sponsoring und klassischer Werbung stark. Somit sind diese Werte systematisch zu hoch, wenn kein passender Gewichtungsfaktor berücksichtigt wird. Zudem werden für die TV-Werbung Listenpreise zur Berechnung verwendet, auf die den Werbenden regelmäßig Rabatte gegeben werden. Auch dies erhöht den AVE künstlich.

Dennoch lassen sich die über das gesamte Sponsoring kumulierte AVEs zwischen unterschiedlichen Sponsoringengagements objektiv vergleichen. Jedoch lassen sich nur Aussagen über Kontaktchancen und die Medienpräsenz einer Marke treffen. Die Wirkung des Sponsorings (z. B. Wahrnehmung, Erinnerung, Einfluss auf Image, Einstellung, Kaufabsicht etc.) bleibt unberücksichtigt, womit eine valide Bewertung mit den AVE-Methoden allein nicht möglich ist. Die methodischen Herausforderungen sind in der Praxis bekannt und die Berater arbeiten in der Regel mit angepassten Bewertungsmodellen.

Methodische Herausforderungen beim Werbeäquivalenzwert (Jens Falkenau, Nielsen Sports)

„Bei der in der Praxis häufig angewendeten Berechnung des Werbeäquivalenzwertes gibt es zwei Stellschrauben, die eine gewisse Subjektivität oder sogar Willkürlichkeit in sich tragen. Die eine Stellschraube ist der angenommene Preis der Vergleichswerbung. Über diesen ist eine subjektive Annahme zu treffen. Geht man bei der Berechnung des Werbeäquivalenzwertes vom Bruttolistenpreis für die Vergleichswerbung aus, kommen schnell überhöhte Zahlen heraus. Das weiß jeder, der vom Fach ist. Aufgrund von Rabatten, die je nach unternehmensspezifischen Einkaufskonditionen unterschiedlich sind, sind die zu zahlenden Nettopreise für Vergleichswerbung deutlich geringer. Die zweite Stellschraube ist die Qualität der Wahrnehmbarkeit. Wir bilden die Sichtbarkeit, Größe der Botschaft und die Anzahl der konkurrierenden Webebotschaften über den Quality Index ab. Dieser gewichtet dann den Werbewert auf eine realistische Ebene. Als Daumenregel liegt so eine Gewichtung häufig um die 20–25 %.

Früher war es gang und gäbe, dass die Kunden hohe Zahlen ausweisen wollten. Dies war sowohl auf Seite des Rechtevermarkters als auch auf Seite der

Kunden selbst so. Auftraggeber dort ist nicht der Marketingverantwortliche selbst, sondern der Sponsoringverantwortliche, der sein Wirken gut dastehen lassen wollte. Das hat sich mit der Zeit allerdings geändert. Heute will das Gros unserer Kunden speziell auf der Brand-Seite, die Wahrheit hören und wissen, wie es wirklich läuft. Gerade wenn es mal nicht so gut läuft, erwarten sie, dass wir ihnen ein Stück weit beratend zur Seite stehen." ◄

Zunächst mag es verwundern, dass obwohl die methodischen Einschränkungen bei der Berechnung der Werbeäquivalenzwerte allen im Markt Beteiligten bekannt sind, weiterhin hohe Wirkungsfaktoren von 20–25 % berücksichtigt werden. Doch diese systematische Überhöhung des Werbeäquivalenzwertes ist nahezu allen Beteiligten im System nützlich: Die Rechteinhaber können somit höhere Preise rechtfertigen, wenn eine objektive Studie einen hohen Anker setzt. Die Medienanalysten weisen in den kostenintensiven Studien höhere Werte aus und rechtfertigen die Kosten für die Studie. Selbst der Sponsoringmanager auf Seiten des zahlenden Unternehmens profitiert: Der Marketingleitung kann berichtet werden, wie gut die eigene Arbeit ist, da das Sponsorship für eine Million Euro sehr effizient gewählt wurde, wenn es einen Mediawert von 10 Mio. € generiert hat.

Spezifika im Sportsponsoringmanagement

3

3.1 Ambush Marketing

Während Just Eat Takeaway.com offizieller UEFA-Partner ist, wirbt der Lieferdienst WOLT im Rahmen der Fußball UEFA EM 2024 mit Slogans wie „Food bowl's coming home", „Champignons der Herzen", „You never eat alone". Unter anderem mit großflächiger Außenwerbung am Hauptbahnhof des EM-Spielorts Frankfurt am Main stellt WOLT nicht nur einen geografischen, sondern auch zeitlichen Bezug mit (humorvollen) fußballtypischen Botschaften her.

Ambush Marketing bezeichnet das Vorgehen von Unternehmen dem „Publikum durch eigene Marketing-, insbesondere Kommunikationsmaßnahmen eine [...] Verbindung zu einem Event zu signalisieren, obwohl die betreffenden Unternehmen keine legalisierten oder lediglich unterprivilegierte Vermarktungsrechte an dieser von Dritten gesponserten Veranstaltung besitzen." (Nufer 2018, S. 43)

Ambush Marketing zielt darauf ab, vergleichbare Wirkungen wie Sponsoring zu erzielen, ohne die finanziellen Verpflichtungen eines offiziellen Sponsors einzugehen. Die Zielsysteme beider Ansätze sind grundsätzlich identisch und umfassen sowohl ökonomische Ziele (z. B. Absatz, Umsatz, Marktanteil) als auch psychologische Ziele (z. B. Aufmerksamkeit, Bekanntheit, Image). Darüber hinaus verfolgt Ambush Marketing häufig wettbewerbsorientierte Ziele, insbesondere die Schwächung von Konkurrenten oder die Reduktion der Sponsoringwirkung offizieller Sponsoren (Daumann und Römmelt 2015, S. 173; Nufer 2018, S. 46). Für die Sponsoren ist Ambush Marketing damit problematisch, da der Wert eines Sponsorings sinkt.

© Der/die Autor(en), exklusiv lizenziert an Springer Fachmedien Wiesbaden GmbH, ein Teil von Springer Nature 2026
B. Römmelt, M. Breuer, *Sponsoring im Profisport für werbungtreibende Unternehmen*, essentials, https://doi.org/10.1007/978-3-658-51401-3_3

„Ambush Marketing ist ein relevantes Thema, da wir als Rechtehalter sehr viel Geld
für die Rechte investieren. Die Mechanismen des IOC zum Schutz unserer Rechte,
sind sehr gut und helfen, den Wert der Partnerschaft zu erhalten."
    Eike Doerte Bürgel, Allianz SE

Um künftige Einbußen aus der Sponsoringvermarktung zu vermeiden, ergreifen
die Rechteinhaber Maßnahmen, um die eigene Marke und die Rechte der Sponsoren zu schützen. Neben Marken- und Urheberrecht können die Rechteinhaber die
Sponsoren über das Hausrecht schützen, das den Zugang zum Sportevent regelt.
Hierunter fallen auch Bestimmungen in den AGBs eines Veranstalters, die z. B. den
Zugang mit nicht autorisierten Werbematerialien einschränken. Im Regelwerk der
jeweiligen Sportart legen die Verbände und Eventveranstalter häufig Werbeklauseln
fest, die Werbemaßnahmen der teilnehmenden Sportler einschränken. Bei den
olympischen Spielen regelt die IOC Rule 40, welche Kommunikationsmaßnahmen
den Athleten, Trainern und Offiziellen erlaubt sind. Besonders mächtige Sportorganisationen verpflichten die Hostländer zum Erlassen nationaler Gesetze
(z. B. UK London Olympic Games and Paralympic Games Act 2006, Frankreich
Code du Sport (Paris 2024), Südafrika Merchandise Marks Act).

3.2   Einbindung von Agenturen

Wie bereits im Kontext des magischen Dreiecks zu Beginn dargestellt (Abb. 1.1)
existieren im Sportsponsoring diverse Dienstleister. Für Sportsponsoren sind drei
unterschiedliche Typen von Agenturen besonders relevant (Dreisbach 2019, 63 ff.;
Walzel und Schubert 2018, 22 ff.; Bruhn und Rohlmann 2024, 410 ff.): Vermarktungsagenturen, Sportmarketingagenturen und Durchführungsagenturen. Bei
der Einbindung von Agenturen gilt es die Strukturen im Sportmarketing zu beachten, weshalb deren Rollen im Folgenden beschrieben werden.

Vermarktungsagenturen unterstützen den originären Rechteinhaber (Vereine,
Verbände, Veranstalter etc.) beim Vertrieb der Sportrechte. Vermarktungsagenturen
entwickeln neue vermarktbare Assets, Formate oder Events. Sie identifizieren
potenzielle Partner, nehmen Kontakt auf und verhandeln die Details. Sie unterstützen zudem bei der operativen Umsetzung. Dies kann sowohl die Rechteinhaber als
auch die Sponsoren langfristig an die Agenturen binden. Nicht nur Organisationen,
sondern auch Einzelpersonen aus dem Sport werden von Agenturen vermarktet.
Sportleragenturen übernehmen häufig noch weitere Leistungen für ihre Klienten
wie z. B. Finanzplanung, PR-Arbeit oder Laufbahnberatung.

Das Interesse der Rechteinhaber (Gesponserter) und deren Vermarkter liegt darin, dem Rechteinhaber einen möglichst großen finanziellen Spielraum zu schaffen. Für die Vermittlung von künftigen Sponsoren erhalten die Vermarktungsagenturen Provisionen. Dies ist vor allem dann erfolgreich, wenn große Sponsorships mit wenig Betreuungsaufwand verkauft werden. Die Vermarktungsagenturen ziehen teils Kennzahlen (z. B. Werbeäquivalenzwerte) heran, die methodisch künstlich zu hohe Werte erzeugen und oft nicht mit den Zielen des Sponsors korrespondieren (Abschn. 2.4.2). Deshalb bleibt der Sponsor in der Verantwortung die Zielerreichung selbst adäquat zu kontrollieren.

Sportmarketing- und Sponsoringagenturen unterstützen aufseiten der Sponsoren ganzheitlich im gesamten Sponsoringmanagement. Diese vertreten als „externe Sponsoringabteilung" die Interessen eines Sponsors, bei dem sich der Kompetenzaufbau im eigenen Hause nicht lohnt. Von der Analyse über die Planung, Implementierung und Kontrolle begleiten sie die Sponsoren. Sie haben spezifisches Sportmarketing Know-how und Erfahrungen, entwickeln kreative Ansätze, kennen die Zielgruppen in unterschiedlichen Sportarten sowie deren Rahmenbedingungen. Sie können sich in die Belange der Sponsoren und deren Ziele hineinversetzen und verstehen gleichzeitig die anderen Player im Sport. Als Experten helfen sie dem Sponsor, sich auf dessen spezifische Sponsoringziele zu fokussieren. Diese Agenturen agieren neutral vom gesponserten Objekt. Teilweise liegt allerdings sportartenspezifische Expertise vor, die eine vollkommen neutrale Beratung einschränken kann. Die eigene Methode und Expertise wird in solchen Fällen als Universallösung für alle Sportmarketingziele als passend verargumentiert.

Durchführungsagenturen unterstützen alle Stakeholder bei der operativen Umsetzung. Gerade bei Teilaufgaben, bei denen kurzfristig viel Arbeitskraft und spezifische Ausrüstung nötig ist, kommt man um diese zusätzliche Unterstützung kaum herum: von der Eventorganisation, dem Gästemanagement, der Vermittlung von Servicemitarbeitenden bis hin zur Werbemittelproduktion.

Bei der Einbindung von Agenturen stehen Sponsoren und Rechteinhaber vor Make-or-buy Entscheidungen, also der Frage, ob bzw. in welchem Umfang das Sponsoring intern gemanagt (make) oder extern über Agenturen (buy) abgewickelt wird. Neben Kostenüberlegungen (interne Fixkosten vs. Agenturhonorare) spielen Anforderungen nach Informationstransparenz, Datenhoheit, Kontaktnetzwerken und spezifischen Kompetenzen bezüglich der Auswahl, Bewertung und Umsetzung des Sponsorings eine wichtige Rolle. Im Sport fallen typischerweise bei punktuellen Events zeitlich begrenzt viele Tätigkeiten parallel an. Nur in seltenen Fällen sind diese Tätigkeiten vollständig durch das Stammpersonal eines Sponsors zu stemmen. Somit ist die Nutzung von Agenturleistungen eher die Regel als die Ausnahme. Ein Überblick über relevante Agenturen findet sich in Abschn. 4.3.

3.3   Beendigung von Sponsorships

Für die Beendigung von Sponsorships gibt es unterschiedliche Gründe. Salzer und Bruhn (2024, S. 320) differenzieren diese in drei Kategorien. In die erste Kategorie fallen von Konsumenten nachvollziehbare und als fair empfundene Gründe, ohne symbolischen Vorteil für den scheidenden Sponsor (z. B. Wirtschaftskrise, finanzielle Schwierigkeiten, Gegenangebot eines Wettbewerbers, Rücktritt oder Tod des Gesponserten, gesetzliche Vorgaben, Vertragsverletzungen oder Fehlverhalten des Gesponserten). Die zweite Kategorie beinhaltet teilweise verständliche Gründe mit einem mittleren symbolischen Vorteil für den Sponsor (z. B. strategische Neuausrichtung, Zielerreichung des Sponsorings, Wertewandel, personelle Veränderungen). Die Wahrnehmung der Rezipienten hängt in diesem Fall stark vom kommunizierten Kontext ab. Die Gründe der dritten Kategorie sind für die Rezipienten nicht verständlich und implizieren einen hohen symbolischen Vorteil (z. B. fehlender sportlicher Erfolg, Zielverfehlung des Sponsorings, veränderte Prioritäten). Diese Gründe erzeugen den Eindruck von Ungerechtigkeit oder Überheblichkeit des Sponsors und wirken sich negativ auf die Markenwahrnehmung aus. Salzer und Bruhn (2024, S. 322) zeigen, dass die Einstellung zur Sponsorenmarke besser ist, wenn nachvollziehbare Gründe, die keinen symbolischen Vorteil für den Sponsor vermuten lassen, für die Beendigung gegeben werden. Die Autoren identifizieren sechs Kommunikationsstrategien, mit denen Unternehmen das Ende eines Engagements öffentlich verkünden. Die Strategie „Wertschätzung", betont gemeinsame Erfolge und Emotionen. Man dankt Fans, Partnern und den Gesponserten. So soll hohe emotionale Verbundenheit und Respekt vermittelt sowie Anerkennung und Fairness signalisiert werden. Beim „Positionsbezug" nutzt der Sponsor die Beendigung, um eine gesellschaftliche oder strategische Haltung zu kommunizieren (z. B. Nachhaltigkeit, Wertewandel). Beim Ansatz „sachliche Information" wird das Ende nüchtern, faktenorientiert z. B. durch eine Pressemitteilung ohne emotionale Elemente öffentlich gemacht. Dies soll Transparenz vermitteln, ohne große Empathie zu zeigen. Die Strategie „Kommunikation des Nachfolgers" stellt den neuen Sponsor oder eine neue Partnerschaft in den Mittelpunkt und weniger die Beendigung. Dies kann sachlich, aber unpersönlich wirken. Die Strategie der „Zurückhaltung" verzichtet auf ein Statement oder hält dieses sehr knapp. Dies kann als Intransparenz oder Desinteresse interpretiert werden. Beim „Phasing out" (Ausschleichen) erfolgt gar keine öffentliche Kommunikation. Die

Partnerschaft endet still ohne Erklärung. Besonders bei emotional involvierten Fans könnte das zu negativer Wahrnehmung führen. Zwar liegt nahe, dass die Kommunikationsstrategien in der aufgezählten Reihenfolge absteigend zu besseren Einstellungen zur Marke führen. Jedoch konnte dieser Effekt in der Studie von Salzer und Bruhn (2024) nicht belegt werden.

3.4 Rechtliche Fallstricke im Rahmen von Hospitality-Maßnahmen

Die Organisationen „S20 – The Sponsors Voice e. V." und die „VSA – Vereinigung der Sportsponsoring Anbieter" haben unterstützt vom BMI einen Leitfaden herausgegeben, um strafrechtliche Probleme der Nutzung von Hospitality-Einladungen durch Sponsoren zu verhindern (vgl. im Folgenden S20 und VSA 2017). Um Compliance-Risiken und insbesondere Vorwürfe der Korruption bzw. Vorteilsnahme oder Bestechlichkeit zu vermeiden, sind Hospitality-Einladungen stets im Vorfeld zu prüfen.

Bei **Amtsträgern** wie Beamten, Richtern, in einem öffentlich-rechtlichen Amtsverhältnis Stehenden und anderen Mitarbeitenden der öffentlichen Verwaltung sowie von für den öffentlichen Dienst besonders Verpflichteten kommen die Straftatbestände Vorteilsannahme und Vorteilsgewährung (§§ 331, 333 StGB) sowie Bestechlichkeit und Bestechung (§§ 332, 334 StGB) in Betracht. Für **Mandatsträger** wie Mitglieder von Parlamenten und vergleichbaren Vertretungsorganen sind Bestechung und Bestechlichkeit gemäß § 108e StGB strafrechtlich relevant. Jedoch auch Mitarbeitende von privatwirtschaftlichen Unternehmen können sich der Bestechlichkeit und Bestechung im geschäftlichen Verkehr (§ 299 StGB), Angehörige von Heilberufen der Bestechlichkeit und Bestechung im Gesundheitswesen (§§ 299a, 299b StGB) schuldig machen.

Bezogen auf die Vorteilsnahme ist der Vorteilsbegriff sehr weit: Alle Leistungen, auf die ein Amtsträger keinen Rechtsanspruch hat und die seine wirtschaftliche, rechtliche oder auch nur persönliche Lage objektiv verbessern, sind hiervon erfasst (S20 und VSA 2017, S. 5). Beim Aussprechen einer Einladung ist auf Transparenz zu achten. Die Einladung sollte auf dem Firmenbriefbogen versendet und an die dienstliche Adresse des Eingeladenen adressiert werden. Die Einladung unter dem Vorbehalt der Genehmigung durch die zuständige Behörde oder Einrichtung auszusprechen scheint sinnvoll. Zusätzlich kann ein Compliance-Disclaimer beigefügt werden, der den Eingeladenen dazu auffordert, die gesetzlichen und unternehmensinternen Regelungen einzuhalten.

Bestechung liegt vor, wenn einem Amtsträger, Angestellten eines Unternehmens oder einem Angehörigen eines Heilberufs ein Vorteil für sich oder einen Dritten angeboten, versprochen oder gewährt wird, damit dieser im Rahmen seiner beruflichen Tätigkeit eine Handlung vornimmt oder unterlässt und dadurch seine Pflichten verletzt oder im Wettbewerb unlauter bevorzugt wird. Es handelt sich also um eine Gegenleistung für eine spezifische Handlung oder Unterlassung, die zu einer Pflichtverletzung oder einer Bevorzugung im Wettbewerb führt. Bei Unternehmensvertretern ist eine Einladung stets besonders kritisch, wenn die eingeladene Person aktuell in Ein- oder Verkaufsverhandlungen involviert ist. Eine Prüfung des Einzelfalles ist angeraten.

Praxistipps und Expertenperspektiven

4

4.1 Erfolgsfaktoren im Sportsponsoring

Wie man den Erfolg eines Engagements im Sportsponsoring sicherstellt, beschreibt Tobias Francomano im Folgenden.

Generelle Erfolgsfaktoren des Sportsponsorings (Tobias Francomano, LGT Private Banking)

„Drei Faktoren sind entscheidend, damit etwas in unser ‚Relevant Set' gelangt und wir uns daran erinnern:

1. Emotionale Ansprache: Wir erinnern uns besonders an Dinge, die uns emotional berühren. Sport, Kultur und soziales Engagement sind dafür ideal, da sie starke Emotionen wecken können.
2. Glaubwürdige Verbindung: Es braucht eine echte, glaubwürdige Beziehung oder Geschichte zwischen den Beteiligten, die als authentisch wahrgenommen wird.
3. Positive Überraschung: Ein unerwarteter, positiver Moment verstärkt die Erinnerung zusätzlich.

Für erfolgreiches Sponsoring heißt das: Wir sollten eine emotional wirksame Plattform sichtbar besetzen und unsere Marke darauf authentisch inszenieren. So schaffen wir Raum für spannende und vielleicht auch überraschende Geschichten.

© Der/die Autor(en), exklusiv lizenziert an Springer Fachmedien Wiesbaden GmbH, ein Teil von Springer Nature 2026
B. Römmelt, M. Breuer, *Sponsoring im Profisport für werbungtreibende Unternehmen*, essentials, https://doi.org/10.1007/978-3-658-51401-3_4

Beim Sponsoring, sowohl in der Vermarktung als auch aus Unternehmenssicht, muss man stets Mehrwerte für den Kunden, aber auch für die diversen Stakeholder identifizieren und klar formulieren.

Emotionalität ist mitunter das wichtigste Spezifikum im Sportsponsoring. Daran hat sich seit Jahren nichts geändert. Es gibt zwei zentrale Treiber für Menschen „Anerkennung" und „Zugehörigkeit". Deshalb gibt es durchaus irrationale Entscheidungen im Sportsponsoring, da einem Unternehmer beides im Sponsoring und insbesondere im Sport gegeben werden kann. Wenn ein Mensch hört, „toll, dass du deinen Club als Sponsor unterstützt und damit dessen Überleben sicherst" ist es vielleicht auch gar nicht mehr so relevant, ob die Eckbande die Werbewirkung erreicht, die sie auf Basis der Kosten erreichen sollte.

Authentizität ist sehr wichtig: Plattform, Botschaft und Auftreten einer Marke müssen authentisch sein. Nur so lässt sich gutes Storytelling mit Relevanz für die Zielgruppe betreiben.

Ein klarer Erfolgsfaktor ist die präzise Zieldefinition und die strategische Passung zwischen Sponsor und Sponsorship. Durchdachte Planung und eine langfristige Ausrichtung erhöhen die Erfolgschancen deutlich. Auch wenn nicht jede Partnerschaft die erhoffte Entwicklung zeigt, sehen wir Misserfolge als wertvolle Lernmöglichkeiten: Sie zeigen, was nicht funktioniert hat und warum. So haben wir über Jahre hinweg Plattformen unterstützt, die nicht ganz unseren Erwartungen entsprachen. Letztlich sind wir ausgestiegen, beobachten die Entwicklungen aber weiter.

Unser Fokus liegt auf langfristigen Partnerschaften, die mit unseren Markenwerten harmonieren. Wir prüfen sowohl Sportsponsoring als auch Engagements in Kultur und Gesellschaft. Unabhängig vom Bereich sind wir offen für innovative und passende Konzepte." ◄

## 4.2	Trends im Sportsponsoring aus Expertenperspektive

Es ist schon länger zu beobachten, dass die Stars des Sports mehr Nachfrage generieren als Sportteams. Den Accounts von Top-Fußballern folgen auf Social-Media-Plattformen mehr Menschen, als den Accounts ihrer Mannschaften (Breuer et al. 2025). Unter anderem diese Entwicklung beobachten auch unsere Experten:

Trends im Sponsoring aus Sicht von Karsten Bentlage, SPORTFIVE

„Ein Trend, der im Sport bleiben wird, ist die **Bedeutung von Persönlichkeiten im Sport.** Bei den olympischen Spielen haben wir gesehen wie Sport und Entertainment zusammenwachsen: Die Aktivitäten von Snoop Dog haben Popkultur, Fashion, Musik und Sport glaubwürdig zusammengebracht. Auch die Liaison von Taylor Swift mit Footballer Travis Kelce hat dessen Club Kansas City Chiefs und gar der ganzen NFL zahlreiche neue Fans beschert. Selbst in Randsportarten wie Turnen können Persönlichkeiten wie die US-Athletin Simone Biles sportübergreifende Relevanz und Aufmerksamkeit generieren.

Ein weiterer Trend ist es, **traditionelle Sportarten aufzubrechen,** das Beste aus verschiedenen Welten zusammenzubringen und neue Ligen zu schaffen (z. B. Baller League, Kings League, Icon League). Auch bei Olympia sieht man nun BMX oder Skateboarden.

Als dritten Trend sehe ich **Virtual Advertising.** Gerade bei globalen Events wird es zunehmend relevant. Es ermöglicht den Sponsoren weltweite an die Märkte angepasste oder gar individuelle Ansprachen der Zielgruppen." ◄

Trends im Sportsponsoring aus Sicht von Jens Falkenau, Nielsen Sports

„Digitalisierung ist eigentlich ein alter Hut, aber immer noch hoch relevant und sollte ausgeschöpft werden, z. B. durch neue Werbemittel und KI zur Aktivierung von Sponsorships. Die Medienlandschaft wird heterogener und es existieren hunderte digitale Kanäle mit Sportangeboten. Weiterhin beobachten wir, dass Cross-Over-Sponsoring immer relevanter wird: Etablierte Sportsponsoren wenden sich immer mehr auch anderen Entertainment-Themen wie Musik und Kultur zu. Sie setzen verstärkt auf schillernde Einzelpersönlichkeiten aus Sport und Musik. Somit werden die Vernetzung und die Steuerung des Sponsorings komplexer. Zudem wird der Einfluss von Investoren, die im Sport Chancen sehen oder strategisch agieren, immer deutlicher." ◄

Zukunft im Sponsoringmanagement aus Sicht von Tobias Francomano, LGT Private Banking

„Seit Jahren hören wir, dass Sponsoring in Zukunft noch stärker datengetrieben und individualisiert sein wird. Unternehmen werden verstärkt auf digitale Plattformen setzen, um spezifische Zielgruppen in Echtzeit anzusprechen. Auch Nachhaltigkeit wird eine größere Rolle spielen. Ich persönlich glaube, dass die zunehmende Individualisierung und die neuen Kommunikationskanäle dazu führen, dass die Ansprache noch zielgerichteter erfolgen muss und nun auch kann. Das schafft Möglichkeiten für ein höheres Involvement der Zielgruppe, aber es wird auch komplexer und erfordert eine sehr klare Definition der Zielgruppen, Märkte und Unternehmensziele. Deshalb braucht es Sponsoringexperten, die in der Lage sind, die verschiedenen Abteilungen wie Digital, Kommunikation und Sales strategisch zu vernetzen, deren Sprache zu sprechen und Herausforderungen zu kennen, um diese dann bestmöglich zu nutzen." ◄

4.3   Übersicht zu Organisationen im Sportsponsoring

Dieser Abschnitt listet relevante nationale und internationale Organisationen im Sportsponsoring auf:

- Vermarktungsagenturen
  - SPORTFIVE
  - Infront
  - IMG
  - DSM (Deutsche Sport Marketing GmbH)
  - CAA (Creative Artists Agency v. a. Spielervermarktung, Persönlichkeitsvermarktung)
  - CAA Eleven
  - TEAM Marketing AG
  - Relevent Sports
  - Dentsu
- Sportmarketing- und Sponsoringagenturen
  - Octagon
  - Jung v. Matt Sports
  - CAA Brand Consulting
  - Rapid Peaks
  - brands and emotions
  - WWP Weirather-Wenzel & Partner
  - Lobeco
  - SPORTFIVE Brandactiviation
  - OMG Fuse
  - Apollo 18

- Sport- und Eventagenturen
  - Amaury Sport Organisation (A.S.O.; v. a. Radsport)
  - AEG (Anschutz Entertainment Group)
- Marktforscher und Datenlieferanten
  - Nielsen
  - Kantar
  - YouGov
  - Sportradar
  - SLC-Management
  - Iris Sports
- Medien, Wissen, Organisationen des Sportsponsorings
  - SPOBIS (News, Netzwerk, Konferenzen)
  - Vereinigung Sportsponsoring-Anbieter e. V. (VSA)
  - Fachverband für Sponsoring e. V. (FASPO; Interessenverband der Sponsoring Dienstleister)
  - S20 – The Sponsors Voice

Fazit und Take-Away für die Praxis 5

Sportsponsoring ist kein Logo-Deal, sondern ein strategisches Investment!
Erfolg entsteht nicht durch Sichtbarkeit allein, sondern durch klare Ziele, passende
Partner und konsequente Aktivierung.

Ohne smartes Zielsystem kein wirkungsvolles Sponsoring.
Wer nicht präzise zwischen Bekanntheit, Image, Lead-Generierung, Sales, Employer Branding und Beziehungspflege unterscheidet, kann Sponsoring weder steu-
ern noch bewerten.

Der Fit entscheidet: Marke × Sport × Zielgruppe × Kontext.
Sponsoring funktioniert besonders dann, wenn Werte, Haltung, Story und Commu-
nity glaubwürdig zusammenpassen – nicht, wenn nur Reichweite „gekauft" wird.

Aktivierung und Integration sind Hebel der Wertschöpfung.
Das Rechtepaket liefert die Basis – Wirkung entsteht erst durch Kommunikation,
Content, Events, digitale Touchpoints und Fan-Interaktionen. Die besten Ergeb-
nisse entstehen, wenn Sponsoring mit Social Media, PR, CRM, Sales, Employer
Branding und digitalen Plattformen verzahnt wird. Oft lassen sich sogar vermarkt-
bare Produkte und Leistungen mit Bezug zum Sponsorship kreieren.

**Wirkungsmessung ist Pflicht – aber sie muss zielorientiert und realis-
tisch sein.**
KPIs sollten aus den Zielen abgeleitet werden, mit sinnvollen Messmethoden, klarer Datenlogik und einer ehrlichen Interpretation.

Professionelles Sponsoringmanagement ist Relationship-Management.
Vertrauen, Transparenz, Abstimmung, gemeinsame Planung und lösungs-
orientiertes Arbeiten sind oft wichtiger als der reine Vertragsumfang. Kontinuität
schafft Vertrauen, Storytelling-Potenzial und tiefere Aktivierung und erhöht die
Chance auf nachhaltige Sponsoringwirkung.

Was Sie aus diesem *essential* mitnehmen können

- Ein grundlegendes Verständnis für die Bedeutung des Sportsponsorings und die relevanten Akteure in der Branche
- Einen prozessorientierten Handlungsleitfaden für das Sponsoringmanagement im Profisport
- Einen Überblick über Spezifika im Sportsponsoring
- Tipps für die Praxis und Perspektiven von Sportsponsoringexperten

Literatur

360iReserach (2025): Sports Sponsorship Market. Global Forecast 2025–2030 (09–2025).

Agf & GfK (2023): Das Erste als Leistungsgarant. Hg. v. ARD Media. Online verfügbar unter https://www.ard-media.de/fileadmin/user_upload/tv/TV_Wissen/Gute_Gruende_2020/Das_Erste_als_Leistungsgarant/Das_Erste_als_Leistungsgarant_1HJ_2023.pdf, zuletzt aktualisiert am 30.08.24.

Bagusat, A.; Hermanns, A. (2012): Grundlagen des Sportsponsorings. In: Albert Galli, Vera-Carina Elter, Rainer Gömmel, Wolfgang Holzhäuser und Wilfried Straub (Hg.): Sportmanagement. 2. Aufl. München: Vahlen, S. 457–480.

Bajaj, S. (2021): Cannes Lions: Direct Winners 2021. Burger King wins Grand Prix for its Stevenage Challenge campaign. Online verfügbar unter https://www.contagious.com/news-and-views/cannes-lions-direct-winners-2021, zuletzt aktualisiert am 22.06.21, zuletzt geprüft am 01.10.25.

Breuer, M.; Römmelt, B.; Mennerich, S. (2025): Social Media Marketing im Sport. In: Albert Galli, Markus Breuer, Rainer Tarek Cherkeh und Christian Keller (Hg.): Sportmanagement. Handbuch für Wissenschaft und Praxis. 3. Aufl. Baden-Baden: Nomos (NomosHandbuch), 707–725.

Bruhn, M. (2018): Sponsoring. 6. Aufl. Wiesbaden: Springer Fachmedien Wiesbaden.

Bruhn, M.; Rohlmann, P. (2023): Sports Marketing. Wiesbaden: Springer Fachmedien Wiesbaden.

Bruhn, M.; Rohlmann, P. (2024): Sportsponsoring. Wiesbaden: Springer Fachmedien Wiesbaden.

Burger King (2020): Burger Queen. Online verfügbar unter https://www.burgerking.co.uk/stevenage-burger-queen, zuletzt geprüft am 01.10.25.

Daumann, F.; Römmelt, B. (2015): Marketing und Strategie im Sport. Konstanz, München: UVK.

Drees, N. (2003): Bedeutung und Erscheinungsformen des Sportsponsoring. In: Arnold Hermanns und Florian Riedmüller (Hg.): Sponsoring und Events im Sport. Von der Instrumentalbetrachtung zur Kommunikationsplattform. München: Vahlen, S. 47–66.

Dreisbach, J. (2019): Erfolgsfaktoren der Sponsoringumsetzung und -aktivierung. Wiesbaden: Springer Fachmedien Wiesbaden.

ESA (2025): European sponsorship valued at € 32.9bn as post-pandemic recovery continues. Hg. v. European Sponsorship Association. Online verfügbar unter https://sponsorship.org/european-sponsorship-valued-at-e32-9bn-as-post-pandemic-recovery-continues/, zuletzt aktualisiert am 13.03.25, zuletzt geprüft am 05.09.25.

FASPO (2005): FASPO-Konvention zur Ermittlung und Verrechnung von Leistungswerten im Sponsoring. Eventkontakte, Medienkontakte, Dokumentation, Zertifikation, Berechnungsbeispiele, Begriffsdefinition. Hg. v. FASPO Fachverband für Sponsoring e.V. Hamburg.

Fritzweiler, J.; Pfister, B.; Summerer, T. (2020): Praxishandbuch Sportrecht. Unter Mitarbeit von Jörg Alvermann. 4. Aufl. München: C.H. Beck.

Furley, P.; Laborde, S.; Robazza, C.; Lane, A. (2023): Emotions in Sport. In: Julia Schüler, Mirko Wegner, Henning Plessner und Robert C. Eklund (Hg.): Sport and Exercise Psychology. Cham: Springer International Publishing, S. 247–279.

Geller, D. (2025): Sportwashing. In: *WISU* (10), S. 883.

Lienig, T. (2022): Spenden und Sponsoring im Verein. Einnahmen korrekt und rechtssicher verbuchen. Freiburg, München, Stuttgart: Haufe Group.

Meffert, H.; Burmann, C.; Kirchgeorg, M.; Eisenbeiß, M. (2024): Marketing. Grundlagen marktorientierter Unternehmensführung Konzepte – Instrumente – Praxisbeispiele. 14. Aufl. Wiesbaden: Springer Fachmedien Wiesbaden.

Nielsen (2022): Neueste Nielsen-Studie zeigt, dass die Investitionen in Sportsponsoring im Jahr 2022 gestiegen sind. Online verfügbar unter https://www.nielsen.com/de/news-center/2022/latest-nielsen-research-shows-investment-in-sport-sponsorships-has-increased-in-2022/, zuletzt aktualisiert am 16.09.2022, zuletzt geprüft am 18.03.2024.

Nielsen Sports (2017): Sponsor-Trend 2017. Status und Trends im Sponsoringmarkt in Deutschland, Österreich und der Schweiz. Köln.

Nielsen Sports (2018): Sponsor Trend 2018: Köln.

Nufer, G. (2018): Ambush-Marketing im Sport. Grundlagen – Strategien – Wirkungen. 2. Aufl. Berlin: Erich Schmidt (Sportmanagement, 03).

Nufer, G. (2024): Sponsorship of the 2024 European Soccer Championship in Germany: Overview, Perspectives, Special Features and Developments. In: *OJBM* 12 (01), S. 275–292. https://doi.org/10.4236/ojbm.2024.121020.

Nufer, G.; Bühler, A. (2013): Sponsoring im Sport. In: Gerd Nufer und André Bühler (Hg.): Marketing im Sport. Grundlagen und Trends des modernen Sportmarketing. 3. Aufl. Berlin: ESV, S. 263–291.

Ogilvy (o. J.): Our Work: Stevenage Challenge Burger King. Online verfügbar unter https://www.ogilvy.com/work/stevenage-challenge, zuletzt geprüft am 01.10.25.

Repenning, S.; Späing, M.; Meyrahn, F.; Ahlert, G.; der Heiden, I. an; Preuß, H. (2025): Sportstätten in Deutschland – Ergebnisse einer Kommunenbefragung Aktuelle Daten zur Sportwirtschaft | November 2023 Sportsponsoring & Sportwerbung in der breiten Unternehmensbasis. Aktuelle Daten zur Sportwirtschaft | Dezember 2024. Hg. v. 2HMforum. BISp. Online verfügbar unter https://www.bisp.de/SharedDocs/Downloads/SSK/SSK_Sportsponsoring.pdf, zuletzt geprüft am 17.09.25.

Römmelt, B. (2024): Ein Strauß an Möglichkeiten. Welche Chancen bietet Sportsponsoring für kleine und mittlere Unternehmen? Und welche Spielarten gibt es über die klassische

Bandenwerbung hinaus? Ein Überblick. In: *Oldenburgische Wirtschaft* (10), S. 8–10. Online verfügbar unter https://www.ihk.de/blueprint/servlet/resource/blob/5728322/9ce3b-c1aacedcfacc120092a5ca48eea/owi10-gesamt-data.pdf, zuletzt geprüft am 10.10.2024.

Römmelt, B.; Breuer, M. (2025): Analyse des Einflusses multipler Prinzipal-Agent-Beziehungen auf die Bewertungsmethode des Mediaäquivalenzwertes im Sportsponsoring. In: Lutz Thieme und Dirk Mazurkiewicz (Hg.): Resilienz & Sport. Tagungsband. 28. Jahrestagung des Arbeitskreises Sportökonomie. Remagen, 22.-24.05.25, S. 38.

S20; VSA (2017): Hospitality und Strafrecht – ein Leitfaden. 2. Aufl. Hg. v. S20 – The Sponsor's Voice e.V. und VSA – Vereinigung der Sportsponsoring Anbieter e.V. Online verfügbar unter https://www.s20.de/wp-content/uploads/2020/10/Hospitality_2017_final.pdf, zuletzt geprüft am 11.03.24.

Salzer, F.; Bruhn, M. (2024): Impact of sponsorship terminations on sponsor's brand: empirical findings and management implications. In: *DU* 78 (4), S. 314–331. https://doi.org/10.5771/0042-059X-2024-4-314.

Schönberner, J.; Woratschek, H.; Ellert, G. (2021): Hidden agenda in sport sponsorship – The influence of managers' personal objectives on sport sponsorship decisions. In: *Sport Management Review* 24 (2), S. 204–225. https://doi.org/10.1016/j.smr.2020.07.001.

UEFA (2023): Die europäische Klubfußballlandschaft. Benchmarking-Bericht zur Klublizenzierung Fußball nach der Pandemie. UEFA. Nyon, zuletzt geprüft am 02.02.24.

VSA (2018): Sportsponsoring im Mediamix: Moderner Spielmacher im Wettbewerb um Aufmerksamkeit. Vereinigung Sponsoring-Anbieter e.V. Online verfügbar unter https://vsa-ev.de/wp-content/uploads/2018/08/180822_Werbewirkungsgipfel_VSA.pdf, zuletzt geprüft am 19.06.2023.

VSA (2019): Sportsponsoring: Volltreffer mit gezielter Wirkung. Kurzstudie. Vereinigung Sponsoring-Anbieter e.V. Online verfügbar unter https://vsa-ev.de/wp-content/uploads/2019/08/Studie-VSA_Volltreffer-mit-gezielter-Wirkung_Kurzversion.pdf, zuletzt geprüft am 19.06.2023.

VSA (2022): Nachhaltigkeit, Sport und Sponsoring – in Krisenzeiten verstärkt im Fokus. B2C-Befragung 2022. Vereinigung Sponsoring-Anbieter e.V. Online verfügbar unter https://vsa-ev.de/download/5757/, zuletzt geprüft am 19.06.2023.

Walzel, S.; Schubert, M. (2018): Sportsponsoring. Berlin, Heidelberg: Springer Berlin Heidelberg.